DORO MAY

LIEBE ZU
EINEM KIND MIT
BEHINDERUNG

Meine besondere Tochter

DORO MAY

LIEBE ZU
EINEM KIND MIT
BEHINDERUNG

Meine besondere Tochter

Sankt Ulrich Verlag

Bibliographische Information der Deutschen Bibliothek

Die Deutsche Bibliothek verzeichnet diese Publikation in der
Deutschen Nationalbibliographie; detaillierte bibliographische Daten
sind im Internet über http://dnb.ddb.de abrufbar.

© 2010 by Sankt Ulrich Verlag GmbH, Augsburg
Alle Rechte vorbehalten
Titelbild: Fotolia
Umschlaggestaltung: uv media werbeagentur
Mediengruppe Sankt Ulrich Verlag, Augsburg
Druck und Bindung: Ludwig Auer GmbH, Donauwörth
Printed in Germany
ISBN 978-3-86744-161-2
www.sankt-ulrich-verlag.de

Inhalt

Prolog	7
Meine besondere Tochter	9
Der Anfang	13
Werner – Beinhart!	20
Vorher – nachher	25
Ein breites Spektrum	27
Freudiges Ereignis	35
Die überflüssigen Kinder	39
Maria	45
Klassisches	49
Angekommen	55
Zeit	59
Zeit und Kram	63
Zeit und Geschenke	72
Episoden der anderen Art	75
Schluss mit lustig	79
Eine neue Dimension	82
Durch die Maschen gefallen	86
Nachbarschaft	90
Therapie vor und zurück	95
Muttererhöhung	98
Die Rettung	101
Willy	105
Grenzwertig	107

In den Schlagzeilen	112
Feste	115
Covergirl	118
Behörden, Ärzte und andere Scheußlichkeiten	120
Betreuer	124
Kein anderer Ausweg	127
Schattenkinder	131
Sinnfragen	134
Unterm Strich	140
Anmerkungen	142

Prolog

Es ist ganz leise in meinem Krankenhauszimmer der Neugeborenenstation. Die in beruhigendem Lindgrün gehaltenen Vorhänge bleiben zugezogen, die Ärzte, die Krankenschwestern, die Pflegerinnen flüstern und schlüpfen rasch aus der Tür. Sie haben mich in Watte gepackt wie ein wertvolles Schmuckstück. Ihre Sätze nehme ich nur wie ein fernes Rauschen wahr, als kämen sie aus einer Welt, die nicht zu mir gehört. Denn ich lebe auf einem eigenen, winzigen Planeten, bin etwas Besonderes. Ich habe ab sofort ein Spezielles Kind. Ein Anderes Kind. Diskret werde ich versorgt, bekomme alles, um die Schmerzen zu lindern und meinen körperlichen Zustand erträglich zu machen. Und das auch sonst wirklich nette Personal entwickelt den flüchtigen Blick. Es hält eine Art emotionalen Sicherheitsabstand. Aber selbst, wenn ich jetzt die tröstende Hand einer der Schwestern ergreifen könnte, würde ich es nicht tun. Mein Arm liegt zu kraftlos auf dem weißen Bettlaken und ich betrachte das Geschehen wie durch einen Schleier. Als mir dann auch noch das Zweibettzimmer – ich gehöre zu den Privilegierten, die die Privatstation belegen – alleine zur Verfügung gestellt wird, begreife ich zwar noch lange nicht, aber ich bin bei diesem notwendigen Vorgang des Begreifens wenigstens allein. Eine Aufmerksamkeit der Stationsleitung.

Unterbrochen wird die gedampfte Versorgung von einem fröhlichen „Guten Morgen" der Putzfrau – in meinem Fall einer gutmütigen, freundlichen, kleinen Frau aus Osteuropa mit unglaublich dickem pechschwarzen Haarknoten, durch den sich ein paar silberne Strähnchen ziehen, und diesem liebenswürdigen Akzent, auf den ich stehe. Die normale Lautstärke erschreckt mich und schnell schaue ich weg.

„Herzlichen Glückwunsch! – Was ist es denn?" Wie sie mich anstrahlt.

„Es ist – behindert."

Das Lächeln der netten Frau vergeht. Wie in Zeitlupe wird ihr Mund schmal und ab da ist auch sie leise. Der Schleier zwischen mir und der Realität schließt sich wieder. Es ist mir gleichgültig, denn ich bin zu weggetreten, als dass mich die Reaktion meiner Mitmenschen berühren könnte – noch.

Ich habe das entscheidende Wort mit einer kleinen Pause nach dem „ist" ausgesprochen. Das liegt daran, dass ich es zum ersten Mal im Zusammenhang mit meinen persönlichen Belangen benutze. Später – und zwar deutlich später – wird es ein Alltagswort, das ich oft verwenden muss. Aus der jetzigen Perspektive, also zwanzig Jahre später, ist es für mich völlig unverständlich, dass ich der Putzfrau nicht geantwortet habe, dass es ein Mädchen ist.

Meine besondere Tochter

Das Andere Kind will erklärt sein. Als ich nach einiger Zeit aus meiner Schockstarre erwache, werde ich aktiv – um nicht zu sagen hyperaktiv. Ich will meine Tochter auf „normal" fördern. Kann doch nicht so schwer sein in einem bildungsnahen Familienverband. Nichts lasse ich aus. Jede freie Minute übe ich „greifen". Die winzigen Finger werden behutsam um einen passenden Gegenstand gebogen – eine Rassel, einen Löffelstiel, um einen Finger meiner Hand. Das Baby hat, wenn es in seiner unglaublichen Schlappheit überhaupt in einen wachen Zustand gerät, nie frei. Monatelang wird Kopf-Heben trainiert, was für den kleinen Körper eine ungeheure Anstrengung bedeutet. Während ich zusehe, wie sich der kleine Schädel immer wieder millimeterweise von der Unterlage auf dem Tisch löst, bin ich so angespannt, dass ich abends selbst Nackenschmerzen bekommen habe. Dann ist Umdrehen vom Rücken auf den Bauch und umgekehrt dran. Viel später und sehr lange üben wir das Aufstehen, das nach dem dritten Geburtstag allmählich klappt. Alle Therapien kann ich, habe mich eingelesen, habe brav meine Hausaufgaben gemacht. Im Gegensatz zu meiner Schulzeit bin ich eine Musterschülerin und will etwas erreichen. Es ist, als müsse mein Schicksal nachgeben, wenn ich nur hart genug gegen es ankämpfe.

Kaum hat das Baby die Neugeborenen-Intensivstation nach mehreren Wochen verlassen, beginnt die Frühförderung in der Lebenshilfe, deren Leiterin eine unglaublich liebe und kompetente Frau mittleren Alters ist. Ich werde mich eines Tages fragen, wie sie das schafft, zu trösten, wo doch so vieles unabänderlich ist und sie aus ihrer Erfahrung heraus weiß, worauf es hinauslaufen wird mit den Speziellen Menschlein, die ihr vorgestellt werden, wenn die Eltern zum ersten Mal den Weg zur Lebenshilfe einschlagen. Jetzt am Anfang sehe ich nur mich und mein Kind. Da tut es gut, dass sie sagt, wie hübsch es ist.

Die wissenschaftlichen Erläuterungen des Andersseins aus ärztlicher Sicht sowie die einschlägigen therapeutischen Verfahrensweisen zur Förderung der Motorik kann ich schon nach kurzer Zeit in Alltagsdeutsch übersetzen. Eine echte Leistung. Bewegungstherapeutische Handgriffe jagen mir nur am Anfang einen Schreck ein. Mein Baby ist so winzig und so zerbrechlich und man drückt richtig feste unter der soundsovielten Rippe von oben, auf dass es die Beinchen anzieht. Nur mühsam unterdrücke ich einen entsetzten Ausruf, als ich den Handgriffen der Ärztin zuschaue. Aber schon bald überwinde ich mich und drücke auch mal an der besagten Stelle – nur viel zarter und vorsichtiger, weil es doch mein Baby ist und so unsagbar klein und verletzlich erscheint. So zart wie chinesisches Porzellan. Und genauso kostbar.

Auch irritieren mich irgendwann die verhaltenen Nachfragen nicht betroffener Mitmenschen nicht mehr, die nicht wissen, ob sie lächeln dürfen oder wie viel Ernst ihr Gesichtsausdruck widerspiegeln sollte, wenn die Dinge so sind wie in meinem Fall. Ich ertrage die peinlichen Blicke nicht nur. Im Gegenteil. Ich freue mich über das Interesse meines Zuhörers, mag es, wenn jemand genauere Erklärungen wünscht oder wenn Fortschritte, und seien sie noch so klein, bemerkt werden. Ein bisschen Stolz auf meine Fähigkeit, auch komplexe Details anschaulich erläutern zu können, spielt sicher auch eine Rolle. Da stelle ich mich ganz auf meinen jeweiligen Zuhörer ein und dosiere die Fachbegriffe adressatengerecht. Nur – das Andere Kind hat andere Pläne mit mir. Es wird ganz und gar neue Spielregeln erfinden. Vor allem für mich.

> *Komm liebe Mutter geh mit mir –*
> *gar schöne Spiele zeig ich dir ...*[1].

Ich lerne schnell. Das spricht für mich.

Wir erfinden die Welt neu.

Aber das will ich nicht. So viel Therapie kann doch nicht umsonst sein! Sie sieht doch süß aus, meine Kleine. Man sieht es doch noch gar nicht. Wie hübsch ihre blauen Augen mit den weißen Punkten sind. Wie eine Puppe aus dem Spielzeugladen sieht mein kleines Mädchen aus. Zierlich, filigran. Die hübschesten Babysachen sind gerade gut genug. Da lassen sich auch Freunde, Verwandte und Bekannte nicht lumpen und überschütten mein Kind geradezu mit den süßesten Winz-Sächelchen. Wenn schon ein Anderes Kind, dann nur mit erlesener Kleidung. Blüschen, wie für Käthe-Kruse-Puppen gemacht, mit kunstvoll bestickten Miniaturkragen und aufwendigen Ziereien und dazu Strampelanzüge, für die das bodenständig bäuerlich anmutende Wort geradezu eine Beleidigung ist. Wie ich das genossen habe, mein Püppchen so zu stylen.

Alles werde ich tun – und dann merkt keiner, dass es anders ist. Oder sie bewundern uns, was wir Tolles aus dir gemacht haben.

Nur gut, dass ich zum jetzigen Zeitpunkt noch nicht wissen kann, wie schwer meine Süße betroffen ist. Dass sie als schwerst mehrfachbehindert eingestuft werden wird. Hundert Prozent und ein gestempeltes H für Hilflos auf den Ausweis. Dazu noch ein großes B – heißt, dass ohne Begleitung nichts läuft. Die deutsche Bürokratie ist da ganz und gar erbarmungslos. Mein Porzellanpüppchen muss sogleich taxiert werden. Es braucht ab sofort diesen speziellen Ausweis. Das filigrane Baby in meinem Arm will gar nicht zu so einem schrecklichen Ausweis passen. Und der Ausweis passt nicht in meine, mühsam mit rosa Watte ausgekleidete Welt. Aber ich muss die wenig feinfühlige Bürokratie akzeptieren und unter den Antrag meine Unterschrift setzen. Das ist deutsch und gehört sich so. Basta!

Dass ich noch eine reichliche Anzahl an weiteren Tiefs zu verkraften haben werde, verheimlicht das Andere Kind vorerst, was sehr vernünftig ist, weil alles auf einmal für mich noch zu viel wäre. Das machen fast alle Anderen Kinder so und es ist für die Eltern das Beste. Erst viel später kommt ein Zeitpunkt, an dem ich endlich das fatalistische Gefühl habe, dass mich nichts mehr schocken kann – vom Tod abgesehen, weil ich den nicht so genau kenne. Aber diese Gefahr wird sich glücklicherweise nicht akut einstellen, denn das Andere Kind hat sich nach intensivmedizinischen Kunstgriffen fürs Leben entschieden. Unwiderruflich. Das hätte ich anfangs nie für möglich gehalten.

So schiebe ich beim Anblick meines hübschen Babys ganz entschieden alle Prognosen auf die Hälfte zum Guten hin. Ein nicht unerheblicher Berg, den ich dabei abtragen muss. Die negativen Faktoren, die je nach Schweregrad der Behinderung eintreten können, werden auf mein Kind bestimmt nicht zutreffen. Kann gar nicht sein. Die vielen Therapien und mein voller Einsatz lassen nur das gute Ergebnis zu. Ihr werdet schon sehen.

Den endlos vielen Tränen folgt ein trotziger Zweckoptimismus. Und ich schiebe den Kinderwagen nicht mehr ganz so beklommen wie zu Beginn.

Der Anfang

An den Anfang zu denken ist auch jetzt noch quälend. Und das, obwohl bereits zwanzig Jahre vergangen sind.

Aber es ist auch öde. Ich bin so weit fortgeschritten. Die Entfernung von den gesamten und größtenteils überflüssigen Vorstellungen ist so riesig, dass man es kaum beschreiben kann. Wie sich nach und nach herausstellt, gehört mein Anderes Kind eben nicht zu den Leicht-Betroffenen und gut zu Fördernden – aber wie schon gesagt, das weiß ich anfangs zum Glück noch nicht. Zunächst einmal hat das Andere Kind irgendwann begonnen und das gehört hierher.

„Mein Kind bewegt sich kaum und der Ultraschall hat gezeigt, dass es für seine Entwicklungsstufe und die Schwangerschaftszeit sehr klein ist".

Der Arzt versucht, mich zu beruhigen. Er ist erfahren und strahlt Ruhe aus, wie es sich für einen gestandenen Mediziner in den Endfünfzigern und Chefarzt der gynäkologischen Abteilung eines sehr angesehenen Krankenhauses gehört. Das ist äußerst angenehm. Auch das erste Kind hat er mit Kaiserschnitt sicher auf die Welt gebracht. Jetzt, nach sieben Jahren, vertraue ich ihm erneut und das ist sicher gut so. Er sagt: „Es gibt halt auch kleine und ruhigere Kinder."

Die Unruhe des weiblichen Tiers in mir lässt sich aber nicht so leicht verdrängen. Ich traue mich und gebe Widerworte. „Mein erstes hat getreten wie ein Fohlen. Es wog bei der Geburt über sieben Pfund."

Seine Antwort lautet: „Kinder sind nun mal verschieden."

Wie recht er doch hatte! Nie werde ich vergessen, wie ich

ihm nachgeschaut habe, nachdem er sich nach der Geburt bei meiner Entlassung aus dem Krankenhaus von mir verabschiedet hat. Wie er dann klein, den Kopf gebeugt und ein wenig humpelnd – die Hüfte wurde erst später erneuert – den Flur entlangging. So einen endlosen Krankenhausflur entlang. Und wie er dann um die Ecke ging, bis er verschwunden war. Wie oft hatte er Müttern schon so eine schlimme Nachricht überbringen müssen, dachte ich, während ich seinem Rücken hinterher sah. Und wie mögen die anderen Frauen reagiert haben. Dann ging ich auch.

Zurück zum Anfang. Als alles noch nicht wahr war. Beim Humangenetiker war ich sehr früh, habe mich für einen Bluttest entschieden, dessen Ergebnis mit fünfundneunzig-prozentiger Wahrscheinlichkeit zutrifft[2]. Die übrigen fünf Prozent sagen lediglich aus, dass etwas nicht stimmen könnte mit den Genen. In einem solchen Fall wird dann doch noch die Amniozentese[3] gemacht, die dann ein hundertprozentiges Resultat liefert. Einen Test wollte ich. Machten schließlich alle Schwangeren mit Mitte dreißig. Jedenfalls hat man den Eindruck, dass es alle machen.

Herzlichen Glückwunsch! Ich bin die Erste in meiner über 300 000 Einwohner zählenden Stadt, deren Testergebnis des 95-prozentigen Tests negativ ist, und die dennoch ein Anderes Kind zur Welt bringt bzw. per Kaiserschnitt zur Welt bringen lässt. Das Andere Kind hat nach meinen dem Gynäkologen gegenüber geäußerten Bedenken, dass mein Ungeborenes so klein und ruhig ist, die zweite Hürde geschafft. Das archaische Tier in mir jubelt. Ich brauchte es nicht zu entsorgen. Der seriöse Humangenetiker, Chefarzt der Abteilung für pränatale Diagnostik des ortsansässigen renommierten Riesenkrankenhauses (der Begriff „Krankenfabrik" würde die Baulichkeit besser kennzeichnen), war offen und ehrlich. Nach dem Ergebnis der Amniozentese – zirka in der einundzwanzigsten oder zweiundzwanzigsten Schwangerschaftswoche – darf ich bis zur fünfundzwanzigsten Schwangerschaftswoche „abtreiben".

„Es ist wie eine kleine Geburt. Sie bekommen eine Wehen auslösende Spritze – und dann – ..."

Was und dann? Ich versuche, es mir vorzustellen. Mir schaudert und ich werde zynisch: Alles klar! Ab damit! Spätabtreibung nennt man es heute. Eine üble Vorstellung, da ein Schwangerschaftsabbruch nach der halben Zeit deutlich etwas Anderes ist als zum Beispiel im dritten Monat.

Vor einigen Jahren stand in der Zeitung, dass so eine Spätabtreibung nicht geklappt hat. Das fehlerhafte Produkt wollte einfach nicht tot sein.[4] Man ließ es eine ganze Weile liegen, unversorgt, wartend, dass es endlich sein Atmen einstellte. Ein makaberer Film, könnte man meinen. So ein Racker aber auch. Dass er auf Teufel komm raus leben will!

Die Eltern, die das Kind auf keinen Fall haben wollten und es einer Pflegefamilie überlassen haben, hatten Glück: Ihr Anderes Kind bewahrt sie vor dem „kleinen Mord" – es hat sich für ein Leben nach der „kleinen Geburt" entschieden. Dumm gelaufen! Jetzt ist es erheblich stärker behindert als es von seiner genetischen Ausstattung her sein müsste, wenn man es nach der „kleinen Geburt" wenigstens versorgt hätte oder wenn es gar hätte ausgetragen werden dürfen.

Längst habe ich genug Abstand, um ohne Häme zu denken, dass wenn schon nicht die leiblichen Eltern, so doch die Pflegeeltern hineinwachsen werden in das Besondere. Für betroffene Eltern wird der Tiefpunkt nie mehr so groß wie am Anfang. Spiralförmig ordnen sich die Tiefpunkte immer kleiner werdend zur Oberfläche.

Gib mir den Mut, die Dinge zu ändern,
die ich ändern kann;
die Gelassenheit, Dinge hinzunehmen,
die ich nicht ändern kann;

*und die Weisheit, das eine vom anderen
zu unterscheiden.*

Ich bin schon weit gekommen. Das Andere Kind kann ich zwar im Rahmen seiner Möglichkeiten fördern – aber ändern kann ich es nicht. Das begreife ich innerhalb der nächsten Monate und Jahre in kleinen Häppchen – zum Glück wohldosiert, denn es ist nicht immer leicht. Und wenn ich es von Anfang an gewusst hätte? Hätte ich aufgegeben? Hätte mich in eine Anstalt mit Beruhigungsmitteln und gutem Unterhaltungsprogramm einweisen lassen? Eine Anstalt für irre Mütter Anderer Kinder, die das Leben nicht ertragen wollen? Ja – vielleicht.

Mein Kind hat mich gelehrt, den Schalter im Gehirn umzulegen, wenn's mal wieder dicke kommt. Wenn ich weggewischt, aufgeräumt, mich und das Andere Kind gesäubert, gegebenenfalls gebadet und neu eingekleidet habe, schalte ich mich wieder ein. Ein ungemein praktischer Vorgang, den die Eltern der „normalen" Kinder leider meistens nicht lernen. Sie rasten aus, wenn ihre Brut nicht funktioniert, sind beleidigt, hadern mit dem Schicksal und ich höre in meinem Inneren, wie sie seufzen. Tief und gebeutelt, weil das Kind nicht so will, wie sie es gerne hätten. Und dies anlässlich Situationen, die oftmals lediglich kind- und altersgemäß sind. Wie dumm von ihnen, wo es doch mit dem Schalter so einfach ist!

Das Andere Kind ist also da. Zirka vier Wochen zu früh – aber der neuerliche Kaiserschnitt hat gut geklappt. Ich bin müde und glücklich. Wie winzig und leicht meine Kleine ist! Sie passt mühelos auf die Hand meines Mannes. Sie gibt keinerlei Laut von sich. Und saugen will sie auch nicht. Die dünnen Beinchen und Ärmchen hängen ziemlich schlapp herunter. Das Andere Kind täuscht perfekt Müdigkeit vor.

Sie ist nicht geschafft!
Sie ist hypoton.[5]
Aber sieht sie nicht rührend aus?

Absolut! Wir strahlen. Es ist gleich so zufrieden. Kein Schreien. Kein Nuckeln. Nichts.

Am zweiten Tag allerdings auch nicht. Die Haut sieht marmoriert aus. Die feinen Adern erinnern an eine Landkarte mit vielen dünn eingezeichneten Wanderwegen. Irgendwie leblos. Beim Anblick beginne ich unwillkürlich ein bisschen zu zittern. Gleich werde ich meinem Mann sagen, dass ich mir etwas Sorgen mache. Warum will mein kleines Püppchen nicht trinken? Warum schreit es nicht? Es muss doch Hunger haben. Liegt es am Kaiserschnitt, der es so plötzlich aus seinem Nest gezerrt hat?

„Wir werden uns noch viel größere Sorgen machen müssen. Unser Kind ist – "

Und dann fällt das Wort, das später zu meinem Alltagswortschatz gehört. Mein Kind ist hypoton, hat also eine viel zu niedrige Muskelspannung. Während am Mittag unmittelbar nach der Geburt das Baby als gesund galt – alle drei Tests, die sofort im Kreissaal gemacht werden, haben den optimalen Wert – hatte der Arzt meinem Mann bereits am Abend seinen Verdacht geschildert. Er sollte seine frisch operierte Frau noch schonen. So war er eine Nacht alleine mit diesem ungeheuerlichen Verdacht.

Nun legt man mir mein Baby noch einmal in den Arm. Zum Abschied – denn es muss in das große Klinikum in die Säuglingsintensivstation. Ich will es nicht wieder loslassen. Aber es muss sein. Eine Krankenschwester kommt und nimmt den Säugling an sich, legt ihn in eine Wärmetragetasche und geht. Mein Mann geht mit und ich bleibe mit meinen Gedanken allein: Wird mein Baby überleben? Werde ich es wiedersehen?

Aber – wie schon gesagt – diese unglaubliche Angst vor dem Absturz ins Bodenlose überfällt mich mit der Zeit seltener und verschwindet irgendwann ganz.

Das Andere Kind mit seiner individuellen Persönlichkeit verhindert heute, dass ich den Anfang wirklich schildern kann. Mir fehlen buchstäblich die Worte. Inzwischen habe ich es weit hinter mir gelassen. So weit, dass es sich nicht mehr breit machen kann. Nicht an Geburtstagen, obwohl ich da durchaus noch manches Mal Revue passieren lasse, wie es damals war. Und auch nicht, wenn ich gleichaltrige Jugendliche sehe und feststelle, wie klug und wie selbständig sie sind. Ich habe längst aufgehört zu vergleichen, weil das Andere Kind einzigartig ist. Es muss sich nicht mehr vergleichen lassen, weil ich es so nehmen kann, wie es ist.

Im Elternkreis der Lebenshilfe lerne ich eine Ärztin der Psychiatrie kennen, die ihr Anderes Kind nach einer etwa halbjährigen Säuglingsphase auf jeden Fall in ein Heim geben wollte. Also sahen sie und ihr Mann sich sehr bald nach einer entsprechenden Unterbringung um. Sobald es lebensfähig ist, wollten sie es in der passenden Institution anmelden. Es mag befremdlich klingen, aber wir haben später – Johanna entwickelte sich prächtig und ist wie viele Kinder, wie viele Andere Kinder, ganzer Stolz ihrer Eltern – schallend über diese Anfangspläne gelacht. Weil sie nur Ausdruck anfänglicher Verzweiflung waren und bezogen auf dieses liebenswerte Mädchen gar nicht passen, gar nicht vorstellbar sind. Regelrecht absurd. Zum Lachen eben! Aber alle betroffenen Eltern müssen erst einmal ihren Weg finden – und der darf am Anfang ruhig ein Irrweg sein. Doch wie im Fall von Johanna regelt sich meist alles wie von selbst. Das Andere Kind wird Alltag. Und weil sowieso jedes Kind, auch wenn es noch klein ist, seine Eigenarten und Marotten hat, gewöhnt man sich auch recht schnell an die Eigenarten und Marotten der Anderen Kinder.

Johanna lernte bald sprechen, lediglich ein bisschen später als es für ihr Alter üblich ist, besuchte eine Schule für die Integration Anderer Kinder und wird von ihren beiden kleinen großen Brüdern sehr geliebt. Mit drei Jahren übersteht sie eine Herzoperation. Sie hat lange schwarze Haare und ist eine Schönheit.

Werner – Beinhart!

Der Film „Werner – Beinhart!"[6] hat nicht umsonst Kultstatus. Die Zeichentrickfiguren sind ständig bemüht, ihre Probleme – „Chef, wir haben kein Bier mehr" – durch entsprechenden Nachschub in den Griff zu bekommen. Dann stoßen sie mit einem freudigen „Hau weg den Scheiß" an. Das ist übrigens der gelungenste Slogan für alle Mütter und Väter von Säuglingen und Kleinkindern, und in besonderer Weise für die pflegenden Eltern der Anderen Kinder. Überhaupt hätte dieser fröhliche Spruch das Zeug zum Motto: Alle Pflegeeinrichtungen hätten auf diese Weise etwas Gemeinsames. Pietätloser Humor hat zuweilen etwas Befreiendes.
    Aber zurück zum Alltag.
    „Hau weg den Scheiß!" – nach einigen Malen nur noch in der verkürzten Form „Hau weg!" – tönt als Schlachtruf durch die Räumlichkeiten und alle Familienmitglieder beziehen so schnell wie möglich Position. Was nun angesagt ist, lässt sich schwer in Worte fassen. Ich lege beneidenswert schnell den Schalter um, das Gehirn hat Pause, obwohl hochkonzentriert gearbeitet werden muss. So überstehe ich Unangenehmes.

> *Wo bleibt deine Phantasie?*
> *Das Spiel heißt: Du bist die Sklavin.*
> *Musst niedrigste Arbeit tun.*
> *Wenn du es geschafft hast,*
> *ist die Herrschaft zufrieden!*

Das Andere Kind hat völlig recht. Das Haus ist mit Aufnehmern gut versorgt – meistens jedenfalls. Aufnehmer und Kinderwäsche sind neben Porzellan und Gläsern die Hauptposten unseres Haushaltbudgets. Auf den Knien waschen wir den Teppich aus, putzen Flure und Treppengeländer. Die Wäsche fliegt der Einfachheit halber in die Mülltonne statt in die Waschmaschine. Ich habe schließlich gelernt, in kleinen Dingen loszulassen! Welch eine Freude, dass alle so beschäftigt sind und an einem Strang ziehen. Für das Andere Kind sind diese „kleinen" Katastrophen das Schönste: Wenn die Geschwister schimpfen und die Eltern laut fluchen, nimmt es endlich etwas wahr. Es fühlt kurzzeitig, dass es auf der Welt ist. Es steht absolut im Mittelpunkt. Es freut sich, lacht quer übers Gesicht und lärmt. Gleich wird es abgeduscht und dann darf es baden. Meine Tochter bekommt sozusagen eine Endreinigung mit vollem Einweichprogramm.

Eine Veranstaltung – nur für sie!

Ich lerne es schätzen, dass es Ferienmaßnahmen gibt, die das Andere Kind selbstverständlich mitnehmen; dass es Häuser gibt, die für die speziellen Anforderungen an die Pflege ausgestattet sind; dass meine Tochter dort gepflegt wird von Fremden. Für diese Entlastung und Unterstützung finde ich eine Dankbarkeit, die ich in der Form noch nicht kannte. Denn die Hilfe ist nicht selbstverständlich. Warum tut sich das jemand an? Investiert seine Zeit für Andere Kinder, obwohl er zu diesen ja gar nicht die gleiche enge emotionale Beziehung haben kann wie Eltern und Geschwister? Und obwohl er nur – oder sollte ich sagen sie, denn auch dies ist bis auf einige Ausnahmen ein Frauenberuf – wenig mehr als ein Taschengeld dafür bekommt? Warum habe ich niemals vorher solche Mitmenschen wahrgenommen?

Weil ich keinen Begriff davon hatte, was es heißt, jemanden zu pflegen. Im Fernsehen wird schon mal gezeigt, wie ein alter Mensch gefüttert wird. Auch, wie ein Anderes Kind versorgt wird. Aber das, was auf besagten Schlachtruf zu folgen hat, das, was ihn auslöst, ist eher unbeschreiblich – auf keinen Fall durch die Medien zu vermitteln, da sowohl der Lärm als auch der Gestank nicht erfasst und übertragen würden. Wenn es in solchen Momenten an der Tür klingelt, käme niemand auf die Idee zu öffnen. Ein klingelndes Telefon würde man vorsichtshalber gar nicht erst in die Hand nehmen. Soll derjenige später noch mal anrufen, wenn ich geduscht bin.

Wenn sich mein Gehirn – je nach Ausmaß der Katastrophe – nach ein bis zwei Stunden wieder eingeschaltet hat, denke ich oft an die Kommentare meiner Bekannten, die ich relativ häufig zu hören bekomme: „Ich könnte das nicht so wie du. So ein Kind hätte keinen Platz in meinem Leben." Inzwischen sind weder ich noch ein anderes Familienmitglied über derlei Äußerung verblüfft. Meine lakonische Antwort bringt die Sache auf den Punkt: „Ich hab mir immer so ein Kind gewünscht. Ich wüsste gar nicht, was ich sonst machen würde." Meist wird mein Gegenüber daraufhin ein bisschen rot im Gesicht und nuschelt etwas wie: „Entschuldigung, so war das natürlich nicht gemeint. Nein, wirklich nicht."

Die Gedankenlosigkeit mancher Mitmenschen hat etwas Faszinierendes. Um sich nur ja nicht näher mit dem Thema Behinderung zu befassen, zeigen sich einige von ihnen mir gegenüber geradezu demütig-zurückhaltend. Sie überhöhen meinen Umgang mit dem speziellen Schicksal. Manchmal versetzen sie sich sogar hypothetisch in meine Situation, um dann zu sagen, dass sie diese niemals so toll meistern würden. Was sie eigentlich sagen wollen ist: Ich bin heilfroh, dass dieser Kelch an mir vorüberging. Aber was sollen sie auch sagen? Im Grunde gibt es in unserer Kultur keine wirklich guten Worte, um Mitgefühl auszudrücken. Und wenn ich mir gegenüber ehrlich bin, was mich das Andere Kind mit der Zeit gelehrt hat, muss ich zugeben, dass ich früher genauso geredet hätte, wenn mir die Mutter eines Anderen Kindes begegnet wäre. Ich kannte lediglich niemanden wie mich, bevor das Spezielle Kind in mein Leben schneite.

Aber es hört nicht alles auf, bloß weil ich ein Anderes Kind habe. Das ist ein Trugschluss aus der Anfangsphase. Damals dachte ich, jetzt würde meine Familie nicht mehr in die bunte Konsumwelt passen. Einsam und am Rand stehend würden wir unseren gesellschaftlichen Platz finden müssen. Schreckliche Bilder aus einer Wochenschau des Dritten Reichs liefen vor meinen Augen ab. „Sind sie nicht wie Tiere – unnütze Esser!" In diesen Filmen stoßen entstellte Andere durch die Nahaufnahme auch Hartgesottene ab. Vernachlässigt und verwahrlost erinnern sie in der Tat an Tiere, denen man nicht begegnen möchte. Auf einem Gemälde trägt ein athletisch aussehender Mann auf einer Schulter einen Behinderten und auf der anderen einen unheilbar Kranken. Darunter steht sinngemäß die rhetorische Frage: „Wie viel Last soll das Volk noch tragen?" Bilder wie diese bewarben eine Ideologie, in der Behinderte eine unnötige Last sind, von der es sich zu befreien gilt. Eine anschauliche und logische Erklärung für die anstehende Euthanasie. Wenn ich bedenke, wie wehrlos diese armen Menschen waren, wie völlig hilflos dem Regime ausgesetzt, überkommt mich eine unglaubliche Wut. Meinem Anderen Kind soll niemand etwas antun dürfen! Ich werde um es kämpfen wie eine Löwin. Nach und nach bemerke ich, dass den meisten Müttern von Anderen Kindern etwas Löwenhaftes anhaftet.

Die Literatur, die ich bereits im Krankenhaus verschlinge, enthält oft Widmungen. Endlose Namenreihungen für endlos viele Andere – die aus der Wochenschau oder den gut organisierten Kliniken[7]. Sie haben plötzlich Namen und ich stelle mir unwillkürlich mein Kind vor – von mir und meiner Familie getrennt, abgeholt, entsorgt. Eine unfassbare Vorstellung. Das Unrecht des Dritten Reichs erhält durch mein eigenes Kind eine neue Dimension. Die Geschichte der Euthanasie wird plötzlich für mich neu erzählt.

Vorher — nachher

Junge oder Mädchen? Ob es auch so hellblaue Augen haben wird wie die große Schwester? Wie soll es heißen? Müssen wir sofort umziehen, weil die Wohnung mit zwei Kindern zu klein ist? Wo ist eigentlich der Stubenwagen geblieben? – Ach ja, den hatten wir wieder zum nostalgischen Wäschekorb umfunktioniert. Jetzt soll er für das Baby wieder flott gemacht werden. Ein neuer Kinderwagen und die Tragetasche für das Neugeborene sind bereit – und so weiter …

Tatsache ist, dass ich mit leerer Tragetasche nach Hause komme. Später, im Elternkreis der Lebenshilfe, der allerdings im Wesentlichen ein Mütterkreis ist, trifft man etliche Leute, die auch mit leerer Tragetasche nach Hause gegangen sind …

Auch sie haben ihr verkabeltes Kind auf der Intensivstation für Neugeborene besucht. Beim Eintritt in diese Station kleidet man sich von oben bis unten in Grün, zieht Plastiktüten über die Schuhe und kommt sich wie verkleidet vor, um anschließend, immer mit bangem Herzen, in eine offene Kammer mit je zwei Bettchen vor seinem Baby zu stehen. Ist das wirklich meines? Lebt es überhaupt noch? Mein Herz krampft sich zusammen und spielt verrückt. Auch der Magen, wie ich da vor meinem Baby stehe. Der Tropf geht in die Kopfvene. Er ist mit einem dicken Gipsklumpen fixiert. Ein dünner Schlauch, die Magensonde, verschwindet in einem der winzigen Nasenlöcher. Es hängt an EKG-Strippen wie eine Marionette. Mein Kind hat außerdem eine Verdunklungsbrille auf dem Kopf, die man sich als eng anliegende Megasonnenbrille vorstellen muss. Sie schützt die Augen vor dem Licht der Billilampe, die die Leberwerte des etwas zu früh Geborenen verbessern soll. Mein verkabeltes Kind bietet einen makaberen Anblick. Es sieht insgesamt aus wie ein winziger, bekloppter Punk. Es rührt sich absolut nicht, liegt einfach nur so da wie ein zu klein geratener Sonnenanbeter mit ein paar skurrilen Extras am Körper.

Mein Mann hat das längst mit dem Arzt diskutiert: Es kann nicht leben. Es will vielleicht nicht leben. Am dritten Tag wäre es – spätestens – gestorben. Warum diese Prozedur? Hat sie wirklich einen Sinn? Wäre es nicht besser für das Kind, wenn es einfach in den Armen seiner Eltern einschlafen dürfte? – Es sind schwere Gedanken in einer kummervollen Situation, aber auch berechtigte Fragen betroffener Eltern, wie wir meinten. Doch der Arzt kennt solche Väter und ist auf sie vorbereitet. Von wegen einfach sterben! „Wenn Sie die Therapie verweigern, wird Ihnen das Sorgerecht entzogen!" Er hat es sicher medizinisch gesehen und kann sich nicht mit den vielen betroffenen Eltern identifizieren. Das muss er auch nicht – obwohl ein bisschen Psychologie nicht schaden könnte. Aber das Andere Kind hatte schon wieder Glück. Quasi von Berufs wegen war der Arzt zu seinem Anwalt geworden. Es hatte einen mächtigen Fürsprecher, dem es zwar an Einfühlungsvermögen mangelte, der es aber am Leben hielt, ja geradezu zum Leben erweckte.

Ein breites Spektrum

Wenn ich einige Jahre später im Elternkreis der Lebenshilfe berichte, dass das Andere Kind so gerne Flaschen – volle oder leere, das ist gleichgültig – auf dem gefliesten Küchenboden zerdeppert, auch Gläser und überhaupt alles, was sich kaputt schmeißen lässt, höre ich die Reaktion einer Mutter, die mich nicht mehr loslässt und nachdenklich macht. Sie sagt: „Ich wollte, mein Kind würde jemals so etwas tun."

Auch und gerade unter den Anderen Kindern gibt es Unterschiede. Bei weitem größere, als unser viergliedriges Schulsystem jemals sortieren könnte. Da bietet allein unsere Elterngruppe – Mitglieder aus zirka acht Familien – ein breites Spektrum: Der Junge aus dem Gartenteich, der noch nicht einmal alleine schlucken kann und es auch trotz aller Therapien niemals lernen wird. In einem kurzen unbeobachteten Moment war er in das kleine Biotop gefallen, das nicht einmal tief gewesen war. Unter Wasser hatte er die Orientierung verloren und konnte somit nicht selbständig wieder an die Oberfläche gelangen. Die Reanimation hatte nach geraumer Zeit das Herz des damals Zweijährigen wieder angeworfen. Man liest dergleichen gelegentlich in der Zeitung, oder besser: man überliest es. Erlebt man aber ein vormals gesundes und neugieriges Kind in seinem reanimierten Zustand, bekommt eine solche Nachricht eine ganz besondere Dramatik. Ich denke unwillkürlich immer wenn ich das Kind sehe, dass dieser Junge ursprünglich einmal ganz gesund war und nur ein kurzer Augenblick, eben ein Unfall, ihn so hat werden lassen.

Ein anderer Fall ist das Kind, dessen Kopf unter der Geburt etwas zu weit gedreht worden war. Der Arzt war noch jung gewesen. Das Kind ist heute ein erwachsener Mann und wird auch nach zweiundzwanzig Jahren maschinell beatmet, weil die Querschnittslähmung gleich unter dem Kopf beginnt. Er kann nicht essen, nicht sprechen, die Augenlinsen mussten wegen zu hohem Druck entfernt werden.

Geradezu in Panik versetzt mich das Schicksal von Hannah. Das schwerst mehrfachbehinderte Mädchen kam gesund zur Welt und wurde nach fünf Wochen mit Herpes infiziert. Dass Herpes bei Säuglingen und Kleinkindern Hirnhautentzündung auslösen kann, erfahre ich erst, als ich Hannah kennenlerne. Allen Freunden, Verwandten und Bekannten werde ich später, als meine jüngste, gesunde Tochter noch klein ist, aus Angst vor einer Herpes-Infektion als erstes auf den Mund schauen. Man lernt richtig was dazu. Hannah hat wegen ihrer Behinderung große Schwierigkeiten mit dem Essen und Schlucken. Sie stirbt mit nur fünfzehn Jahren tragisch, weil sie an einem Bissen erstickt. Ihr Tod macht mich traurig. Jahrelang ging sie mit meinem Anderen Kind zur Schule, gehörte einfach dazu.

Und da wäre noch Yannis, der in der vierundzwanzigsten Schwangerschaftswoche als extremes Frühchen zur Welt kommt. Andere Kinder darf man bis zur vierundzwanzigsten Woche durch eine so genannte „kleine Geburt" abtreiben. Frühgeborene aber werden bereits ab der vierundzwanzigsten Woche auf Lebensstärke gebracht und damit oft zu Anderen Kindern gemacht. Wie bei Yannis, der unglaublich schwer betroffen ist.

Ein makaberes Prozedere. Wie soll man das jetzt auseinanderhalten? Was macht die große Geburt wertvoller als die kleine? Ist das Leben nach einer richtigen Geburt wertvoller? Dies sind nur einige der Fragen, die mir im Leben mit meinem Speziellen Kind begegnen.

Es kommt noch vieles, was ich hin- und herwenden werde und dennoch nicht begreife. Die Vierlinge, die so goldig aus der Illustrierten[8] blicken, gehören dazu. Neben ihnen sind die strahlenden Eltern zu sehen, die in markigen Worten ihr ganz besonderes Glück beschreiben. Doch auch diese vier Säuglinge waren gepäppelt worden, um zu überleben. Die Medizin gab alles und die Station erhält für die Frühchenintensivmedizin richtig viel Geld. Die Vorsitzende der Frühförderung der Lebenshilfe klärt den Elternkreis auf: Alle vier sind blind, taub und geistig behindert. Irgendwie hat die Zeitschrift vergessen, in einem späteren Artikel den Leser über diese Diagnose in Kenntnis zu setzen. Monatelang kämpft dieselbe Klinik Jahre später um die Existenz von Fünflingen. Eine meiner Bekannten arbeitet dort als Säuglingsschwester und erklärte, dass die Babys ihrer Ansicht nach nicht lebensfähig sind. Sie sollte Recht behalten, wie sich nach Wochen zeigte. Ob die Medizin heute wirklich weiter ist, wird man abwarten müssen. Den Eltern der Sechslinge, die 2008 intensivmedizinisch „ausgebrütet" wurden, ist es in jedem Fall zu wünschen.

Ebenso wünschenswert ist ein Staat, der genügend Geld hat, um eine solch extreme Intensivmedizin weiterhin bezahlen zu können. Ist es pietätlos, in diesem Zusammenhang über Geld zu sprechen, da es doch um Leben geht? – Vielleicht weniger pietätlos als es auf den ersten Blick scheint. Schließlich lautete das Unwort des Jahres 1998 „sozialverträgliches Frühableben" und dies bezeichnet ja nichts anderes, als dass es von volkswirtschaftlichem Nutzen ist, wenn Menschen nicht zu alt werden, weil sie dann teure Gebrechen entwickeln. Bei alten Menschen kennt die Kosten-Nutzen-Mentalität unserer Gesellschaft also keine Tabus. Und auch in der Diskussion um die Frühchenintensivmedizin sind die Grenzen nicht unverrückbar – zum Beispiel bei unseren Nachbarn. Im österreichischen Webradio wurde am 2. Juni 2008 berichtet, dass in Deutschland jede intensivmedizinische Unterstützung, die möglich ist, immer ab dem ersten Tag gewährt wird, in der Schweiz jedoch erst ab der vierundzwanzigsten Woche und in Österreich je nach Vitalität des einzelnen Kindes. Laut diesem Bericht überleben 50 bis 90% dieser Frühchen nur mit schweren Behinderungen. Genauere Zahlen wären sicherlich wünschenswert.

In Deutschland verstellt die Euthanasie des unglaublich brutalen Dritten Reichs von Vornherein jede sachliche Diskussion über den Umgang mit Extremfrühchen und Neugeborenen mit Behinderung. Ein heißes Eisen, das man vor allem als Mutter eines Anderen Kindes lieber nicht anfasst ...

Dennoch sollten diese Fragen gestellt werden, weil sie das Alltagsleben von Eltern, Pflegern und Ärzten betreffen. Letztere müssen oft Frühgeborene aufpäppeln, deren Zustand so kritisch ist, dass die Säuglinge vielmehr ins Leben geholt, denn am Leben erhalten werden müssen. Für einen Arzt stelle ich mir die Situation als moralische Herausforderung vor. In dem einen Raum leitet er in der vierundzwanzigsten Schwangerschaftswoche wegen des Down-Syndroms eine Spätabtreibung ein, nebenan verkabelt er hurtig ein Vierundzwanzig-Wochen-Frühchen im Brutkasten und lässt es im Eiltempo in die Intensivstation abholen, wohlwissend, dass dieses Kind möglicherweise bei weitem schwerer behindert sein wird als ein Mensch mit Down-Syndrom es jemals sein kann.

Besonders tragisch ist diese Ungleichbehandlung, wenn man weiß, wie positiv sich Andere Kinder entwickeln und wie sehr sie ihren Eltern ans Herz wachsen können. Letzteres habe ich, wie schon erwähnt, besonders deutlich miterlebt, als Hannah starb. Ihr Tod ist ein schwerer Schicksalsschlag. Oft schon habe ich gehört, dass nicht betroffene Personen bei so einem frühen Tod sagen, es sei besser so, das Kind hätte ja doch keine Chance auf ein richtiges Leben gehabt. Die armen Eltern seien jetzt erlöst von dieser

Last. Nicht in einem einzigen Fall aus meinem Kreis der Betroffenen – und der wird mit den Jahren ziemlich groß – stimmten solche Sprüche. Es ist nicht besser, wenn eines von den Anderen Kindern stirbt. Die Eltern sind endlos traurig und verzweifelt, weil die Bindung zu ihrem Kind meist sehr eng war. Sie erspüren ihre oftmals sehr speziellen Kinder mit allen zur Verfügung stehenden Sensoren, kümmern sich so intensiv um sie, wie man es kaum beschreiben kann. Und die Anderen Kinder schenken ihnen ihr Vertrauen, ihre Liebe, wir sind alles für sie, denn sie können oft sonst nichts haben wollen. Das ist der Grund, aus dem kaum jemand sein Spezielles Kind vorzeitig, also wenn es noch keine 18 Jahre alt ist, freiwillig in ein Heim gibt, wenn es sich irgendwie verhindern lässt. Wenn also Eltern vor die Frage gestellt werden, wie viel Aufwand die Ärzte treiben sollen, um das Leben ihrer Kinder zu retten oder zu verlängern, wundert es nicht, dass sie auch noch die kleinste Chance genutzt sehen wollen.

Die Ärzte helfen, doch verständnisvoll sind sie dabei nicht immer. Im Elternkreis der Lebenshilfe werden Erfahrungen ausgetauscht. „Erschrecken Sie nicht, aber Ihr Kind sieht aus wie ein abgehäutetes Kaninchen." So beschrieb der Arzt einer noch jungen Mutter im bildhaften Vergleich ihr zu früh geborenes erstes Kind, das im Brutkasten an zahlreiche Kabel angeschlossen war. Verglichen mit dem Schicksal des Jungen ist Zynismus jedoch das kleinere Übel. Der Junge wird niemals sehen oder hören können. Apathisch, spastisch gelähmt, liegt er seit mehr als zwanzig Jahren im Rollstuhl. Die Eltern wollten ihr Kind „um jeden Preis" am Leben erhalten und haben der künstlichen Beatmung des Vierundzwanzig-Wochen-Fötus zugestimmt. Ob diese Entscheidung richtig war, können sie nur selbst beantworten – im Nachhinein.

Hätten sie vorher mehr gewusst, wäre ihre Entscheidung vielleicht genauso ausgefallen – aber eben nur vielleicht.

Deshalb ist es problematisch, dass über die Folgen dieser Frühchenmedizin zu wenig gesprochen wird und dass oft nur die behandelnden Ärzte zu Wort kommen. Die haben aber in den seltensten Fällen selber ein solches Kind. Und ein Spezielles Kind zu sehen oder zu behandeln ist immer noch ein gewaltiger Unterschied zu einem Leben mit ihm im Alltag. Eltern sind doch recht blauäugig der Medizin ausgeliefert. Im Grunde müsste man sich in der Frühförderung der Lebenshilfe oder in entsprechenden Schulen erst einmal sachkundig machen. Eltern in konkreter Entscheidungsnot reagieren logischerweise emotional, wenn sie ihr kleines hilfloses Baby sehen. Sicherlich kann auch die bestinformierte Familie die Entscheidung für oder gegen die Geburt ihres Kindes nachher bereuen. Doch eine kompetente Information durch Ärzte und Menschen, die Andere Kinder betreuen, kann bezogen auf die Frühchenintensivmedizin die Entscheidung vielleicht vereinfachen.

Die hier aufgereihten Beispiele können endlos fortgesetzt werden. Auf einer Party lerne ich zum Beispiel die Mutter dreier Söhne kennen, deren Ältester mit fünfzehn Jahren zum ersten Mal in einer Kneipe einen über den Durst trinkt, wovon ihm speiübel wird. Immerhin ist der Junge noch in der Lage, dem Wirt die Telefonnummer mitzuteilen, damit dieser bei ihm zu Hause anruft, um auszurichten, dass man ihn doch bitte abholen solle. Sofort schwingen sich die Eltern aus dem Bett – es ist bereits Mitternacht – ziehen sich auf die Schnelle irgendetwas über und fahren los. Als die Mutter den Unfallwagen hinter sich hört, weiß sie, dass etwas mit ihrem Jungen passiert ist. Mütter haben Ahnungen. Das weiß man von Erzählungen aus den beiden Weltkriegen, aus denen hervorgeht, dass viele Mütter um die Verwundung oder den Tod ihres Sohnes wussten, bevor sie die offizielle Meldung erhielten.

Beim Hinausgehen hatte der Junge die Breite des Bürgersteiges falsch eingeschätzt, stolperte auf die Fahrbahn und lief vor das einzige Auto weit und breit. Der Wirt hatte den offensichtlich Betrunkenen unverständlicherweise nicht zurückgehalten. Die Eltern kommen gleichzeitig mit dem Unfallwagen und dem Notarzt an. Von diesem Zeitpunkt an ist der vitale, sportliche Junge ebenfalls ein Anderes Kind. Nach diversen Operationen und langen und zermürbenden Reha-Maßnahmen sitzt er im Rollstuhl, kann kaum sprechen, benötigt intensive Pflege und wird, inzwischen fünfundzwanzigjährig, jeden Tag abgeholt, um in einer betreuten Werkstatt zu arbeiten. Die Eltern mussten ihre Hoffnung auf Heilung aufgeben, weil die inneren Kopfverletzungen irreparabel waren. Auch sie sind, wie so viele, in das Schicksal hineingeworfen worden und in das Unabänderliche hineingewachsen.

Als die Mutter des Jungen und ich unsere Geschichten austauschten, war die Stimmung nicht bekümmert. Wir haben irgendwann nahtlos das Thema gewechselt und uns im weiteren Verlauf des Abends bestens amüsiert. Die eigene Geschichte ist längst zum Alltag geworden. Und sollten Sie beim Lesen dieses Buches noch am Anfang einer ähnlichen Geschichte, die Ihre eigene ist, stehen, verlassen Sie sich drauf: Eines Tages stehen Sie auf einer Fete und berichten seelenruhig über Dinge, die Sie vor Jahren noch gar nicht in Worte fassen konnten. Und Ihr Gegenüber wird vielleicht nur nicken und fragen, ob man noch was vom Hauptgang nimmt oder schon zum appetitlich aussehenden Nachtisch wechselt. Spätestens das ist der Zeitpunkt, an dem Sie sich sagen können: Ich hab's geschafft.

Später lerne ich noch eine ganz andere Variante kennen. Man überliest in der Tagespresse so leicht die Feinheiten. Die Körper- und Mehrfachbehinderten haben gelegentlich eine ganz eigenartige Biographie. Sie haben als Säugling überlebt, obwohl ein Kissen sie etwas zu lange am Schreien gehindert hat. Oder jemand, dem „die Nerven durchgegangen" sind – man liest dergleichen Begründungen gelegentlich in der Zeitung – hat sein Kind an die Wand geklatscht. Es folgt ein Prozess und man ist natürlich geschockt und entsetzt. Damit endet dann aber auch die Berichterstattung und die Öffentlichkeit erfährt nicht, was aus solchen Kindern später geworden ist. Auch sie gehören nämlich anschließend zu den Anderen. Auch sie wollen erwähnt sein.

Freudiges Ereignis

Wie kondoliert man zum Anderen Kind?

Am fünften Tag nach der Geburt – ich liege in dem einen Krankenhaus – der kleine bekloppte Punk auf der Neugeborenenintensivstation im anderen – geschieht etwas Neues. Die leise Atmosphäre erfährt eine Veränderung.

Eine junge Frau, die ein sehr guter Freund unserer Familie von irgendwo her angeschleppt hat – Danke, Klaus! – betritt das Zimmer, lächelt tatsächlich und sagt: „Herzlichen Glückwunsch zur Geburt Ihres Töchterchens. Es ist nicht so schlimm, wie Sie glauben." Sie überreicht mir ein Geschenk.

Die Frau hat ein Fotoalbum mit Bildern von ihrem fünfjährigen Sohn mitgebracht, das sie schon bald auspackt. Er ist hübsch – erinnert nicht eine Spur an die nationalsozialistische Wochenschau. Sie hat außerdem Broschüren, Bücher, Kopien von Fachliteratur dabei und erwähnt so nebenher, dass ja derlei Literatur in jedes Krankenhaus gehört. Damit hat sie absolut recht. Die Broschüren und Bücher zeigen viele Andere Kinder und auch Erwachsene. Immer noch keine Spur von Wochenschau. Modern gekleidet sind die meisten und haben flotte Haarschnitte. Die Bilder spiegeln Ferien- und Sonntagsatmosphäre. Die ganze Familie am Tisch – alles scheint völlig normal. Die aufmunternden Berichte von Eltern, die schon viel weiter sind als ich, machen Mut. Wie hat es zu den armen Kreaturen aus der Wochenschau kommen können? Man hat sie dahinvegetieren lassen und mit ihren leeren Gesichtern als Alibi für die Euthanasie missbraucht. Unglaublich, was sich hinter diesem Begriff verbirgt! Ein weiteres Kapitel der Endlösung.

Später lerne ich jemanden kennen, dessen Großmutter ein solch Anderes Kind nicht hat ausliefern wollen. Eine verwegene Flucht, raffinierte Verstecke und Personen, die bereit waren, Kopf und Kragen zu riskieren, führten dazu, dass es zumindest einige Andere Kinder geschafft haben, erwachsen zu werden. Die meisten allerdings haben ihre Kinder abgeliefert. „Man machte das so", erfahre ich von einer entfernten Verwandten, deren Nachbarin es so gemacht hat.

Die aktuellen Bilder und Berichte sind motivierend, das Leben neu anzugehen – für das Andere Kind und mit ihm. Sie sind ganz anders als meine Vorurteile, derer ich mir erst anlässlich meines Anderen Kindes brutal bewusst werde. Was sich so unreflektiert in die eigenen Vorstellungen einschleicht, ist mit dem Wort „bemerkenswert" nur ansatzweise umrissen. Mir kommt schnell die Frage in den Sinn, warum ich so selten mit den Anderen in Kontakt gekommen bin. Ehrlich gesagt heißt „selten" soviel wie „nie". Nehme ich sie so wenig wahr? Werden viele immer noch versteckt oder verschwinden in Heimen, die irgendwo ausgelagert sind? Oder erkennt man sie einfach nicht, guckt vielleicht auch einfach drüber hinweg, weil es ja einen nicht betrifft? Aber darüber kann ich ja später noch ausgiebig nachdenken. Jetzt stehe ich noch am Anfang.

Der fünfjährige Prinz mit den traurigen schrägen Augen lächelt auf einem anderen Photo geheimnisvoll. Es gibt auch Bilder von seinem Start ins Leben. Seine Mutter hatte das Stehvermögen, ihn als winziges verkabeltes Etwas auf der Intensivstation für Säuglinge zu fotografieren. Er hat genauso begonnen wie mein Kindchen: Nicht lebensfähig, marmoriert, voller Sonden. Der gleiche bekloppte kleine Punker. Wie befreiend, dass ich mit der Frau darüber lachen kann. Der willkommene Besuch hat mir eine Rassel als Geschenk für das Andere Kind mitgebracht. Wie endlos oft werde ich um den Griff dieser Rassel die schlaffen Fingerchen meiner Prinzessin schließen, bis sie das Monate später alleine schafft. So geht es mit vielen Dingen. Die Anderen Kinder haben selten frei. Sie müssen immer trainieren.

Nicht alle Menschen reagieren so gelassen auf die Geburt meiner Tochter wie die Besucherin, die Klaus ins Krankenhaus mitgebracht hat. Entferntere Bekannte, die keine Geburtsanzeige erhalten haben, aus der die Besonderheit des Anderen Kindes hervorgeht, zeigen ungeahnte Reaktionen. Nach den üblicherweise mit strahlendem Lächeln verbundenen Glückwünschen zum Töchterchen und meiner Aufklärung über die „Zugabe" bricht eine Frau in Tränen aus. Ich bin gerade aus der Klinik entlassen, habe meine Emotionen mit Mühe im Griff, mein Kind liegt noch immer an den Schnüren der Medizin und ich erwische mich dabei, dass ich jemand anderen wegen meines eigenen Kindes tröste. Eine paradoxe Situation, die nicht die einzige ihrer Art bleiben soll.

Viele Glückwunschkarten und -briefe zeigen, dass sich ihre Verfasser unglaublich viele Gedanken gemacht haben, um die richtigen Worte zu finden. Aus einigen Schreiben gehen Schicksale hervor, von denen ich bisher nichts geahnt habe. Eine Totgeburt, ein früh verstorbenes Kind, ein verunglücktes Kind. Mit anderer Leute Schicksale werde ich noch oft konfrontiert. Ich gelte ab jetzt als besonders vertrauenswürdig, die Unbill des Lebens, Verluste, Ängste, schlimme Lebensphasen, zu erfahren. Aber jetzt brauche ich erst einmal selber Zuspruch. Hier ist der schönste:

Zuversicht

Manchmal
Fühle ich mich wie ein Baum,
von dem fast alle Blätter

gefallen sind.
Aber jetzt macht es mir
Keine Angst mehr,
weiß ich doch
um meine Kraft,
neue Blätter zu treiben.[9]

Das Gedicht stammt von der Autorin Kristiane Allert-Wybranietz und ist bezeichnenderweise unter dem Titel Geschenktexte veröffentlicht worden. Den Text gebrauche ich öfter zum Trost für andere. Wie gut, dass ich ihn kennen lernen durfte. Er ist zum Weitergeben, zum Verschenken, absolut geeignet.

Die überflüssigen Kinder

Von der Wortbedeutung her ist „überflüssig" definiert als „viel zu reichlich vorhanden sein"[10]. „Überflüssig" bedeutet dementsprechend „durch seine (unerwünschte) Anwesenheit störend wirken"[11]. Nun haben die Deutschen nicht gerade Kinder im Überfluss. „Hilfe – wir sterben aus!", wäre da eher die angebrachte Schlagzeile. Das Gejammer um die sinkenden Geburtszahlen ist hinlänglich bekannt. Wozu also das Definitionsgebaren um den Begriff des Überflüssigen? Weil man eigentlich nur das, was man im Überfluss hat, nicht wertvoll und einmalig findet. Es ist dem Menschen lästig; es verschwendet Platz und stört den reibungslosen Ablauf des Alltags; mehr noch: man muss Gedanken darauf verschwenden und das Überflüssige steht oft im Weg. Man muss es irgendwie verwahren, ihm Raum schaffen, über es hinwegsteigen.

Genau so werden unglaublich viele Kinder wahrgenommen und behandelt. Die Medien sind seit Jahren voll mit Horrormeldungen über missbrauchte, misshandelte, psychisch niedergetrampelte, überfütterte, gemästete, halb verhungerte Kinder. Das sind aber nur die schlagzeilentauglichen Geschichten. Noch interessanter ist das nicht sensationelle Verhalten der Normalbevölkerung. Die Art also, in der die breite Masse ihren Nachwuchs erzieht. Zuerst muss man sagen, dass es viele wunsch- und zufallsgezeugte Kinder wirklich gut haben – um sie wird sich gekümmert, sie bekommen alles an Zuwendung, Liebe, alles, was sie brauchen. Aber schon einfache alltägliche Beobachtungen und weniger spektakuläre Untersuchungen lassen zumindest die Überlegung zu, ob der Mensch seine gesunden, vitalen, wissbegierigen Kinder erst wirklich zu schätzen weiß, wenn er durch Zufall noch ein Anderes Kind hat. Wie sonst entsteht der Eindruck, dass so viele Kinder so überflüssig – und zwar in dem oben erläuterten Sinn – erscheinen. Sie müssen unglaublicher Langeweile ausgesetzt sein, weil niemand Lust hat oder sich die Zeit nimmt, etwas Interessantes mit ihnen zu tun.[12] Nur so erklärt sich diese wahnsinnige Verblödungsanimation durch das Fernsehen, erklärt sich, dass solche dämlichen Nachmittagsserien massenhaft konsumiert werden. Die entsprechenden Analysen belegen, dass Achtzehnjährige im Durchschnitt 18 000 Stunden vor dem Fernseher und nur 15 000 in der Schule verbracht haben. Da ein Teil der Kinder sicher bei weitem nicht so viel fernsieht, ist die realistische Zahl der Stunden bei denen, die den Durchschnitt so heben, nahezu unglaublich. Man muss sich vergegenwärtigen, wie zum Beispiel ein Kleinkind im Vorschulalter vor dem Fernseher sitzt: Mit halb geöffnetem Mund und gebanntem Blick verfolgt es fast bewegungslos das Dargebotene.

Der Medienkonsum beginnt immer häufiger schon vor dem Krabbelalter. Es gibt ja längst gezielt Sendungen für die süßen ganz Kleinen. Statt dass mit dem Kind gesprochen wird, quatscht der Fernseher. Und hier beginnt die Ursache für die extreme Zunahme sprachlich retardierter Kinder. Die sogenannte selektive Stabilisierung findet nämlich nicht statt. Auf Deutsch bedeutet das Folgendes: Mit dem Kind wird während des Fernsehens nicht gesprochen, was zur Folge hat, dass das Kleinkind auch nicht einzelne Wörter wiederholt, die dann wiederum von dem Erwachsenen aufgegriffen werden und erneut in korrekter Aussprache zum Kind zurückkommen. So fehlt das notwendige Korrektiv – jemand, der überprüft, ob Wörter richtig ausgesprochen und benutzt werden.

Weil niemand ihnen zuhört oder mit ihnen spricht, sind immer mehr Kinder nicht in der Lage, einfachste Anforderungen zu begreifen, geschweige denn zu erfüllen. Ganz praktisch ausgedrückt: Auf die Aufforderung „Hol bitte das Holzauto, das neben der Tür steht!" folgt keine adäquate Handlung. Diese Kinder können mit Sprache wenig anfangen. Sie sind sprachlich verarmt. Nach neusten Berichten trifft dies bereits auf zwanzig bis dreißig Prozent der in Deutschland lebenden Kinder zu. Eine ungeheure Zahl.

Da Denken und Sprechen in jedem Zeichensystem – also gleichgültig, ob gesprochen, geschrieben oder in Gebärden kommuniziert wird – zusammenhängt, verarmen die Kinder auch geistig. Nur so lässt sich erklären, warum viele Kinder in Einrichtungen für Behinderte, zumindest für Lernbehinderte landen, die völlig normal zur Welt gekommen sind. Und da das beschriebene Phänomen signifikant häufiger in sozial schwächeren Gesellschaftsschichten zu beobachten ist, findet man auf der Schule für geistig Behinderte eben nicht den prozentualen Querschnitt an Behinderten aus sämtlichen Schichten, wie man fälschlicherweise annehmen könnte.

Ein erschütterndes Beispiel für diese Tatsache sind die „Drogen- und Alkoholkinder" sowie schwer vernachlässigte und/oder misshandelte Kinder. Hätte ich nicht das Andere Kind, hätte ich die Broschüre über Kinder mit FAS[13] nicht gelesen: Das „Fetale Alkoholsyndrom" ist die häufigste geistige Behinderung, die nicht genetisch bedingt ist und völlig vermeidbar wäre. Es entsteht schlicht und einfach, wenn die Mutter während der Schwangerschaft trinkt. Seine Folgen sind fürchterlich. Alkoholkonsum der Schwangeren kann im Prinzip alle Organe und Organsysteme des ungeborenen Kindes schädigen, wenngleich bei typischer Ausprägung des FAS einige Körperteile besonders betroffen sind. Die Diagnose des klassischen Syndroms stützt sich bei schwer betroffenen Kindern besonders auf äußere Merkmale. Dazu zählen: Minderwuchs, Untergewicht, Kleinköpfigkeit, mangelhafte Muskelentwicklung, typische Gesichtsveränderungen, kognitive Entwicklungsverzögerung und Verhaltensstörung.

Unter anderem zeigen diese Kinder massive emotionale Störungen, ein oftmals unsoziales Verhalten und eine ausgeprägte Lernstörung, was ich bis dahin in dieser Grundsätzlichkeit nicht wusste. Viele von ihnen werden schon allein deshalb kriminell, weil sie ihre Impulse nicht kontrollieren können[14]. Auch das wusste ich nicht. Oft steht man ja einer Nachricht aus den Medien völlig fassungslos gegenüber und fragt sich, wie jemand so unmenschlich hat handeln können. Wenn also zum Beispiel ein Verbrecher völlig uneinsichtig ist und keinerlei Schuldbewusstsein entwickelt, so war bei seiner Austragung möglicherweise Alkohol im Spiel. Eine naheliegende Erklärung, die einem erst bei genauerer Kenntnis über das FAS in den Sinn kommt.

Das Andere Kind sorgt dafür, dass ich mich für vieles interessiere, was früher nur, wenn überhaupt, am Rande ein Thema war.

Wegen meines Anderen Kindes treffe ich in der Lebenshilfe, in der Schule für geistig Behinderte oder auf einem Vortreffen zu irgendeiner Ferienmaßnahme auf Leute, deren Beziehung zum eigenen Kind nicht im Mindesten nachvollziehbar ist. Zum Beispiel antwortet eine Mutter auf die Frage, ob es ihr nichts ausmache, dass alle ihre vier Kinder im Heim und auf der Schule für Geistig Behinderte sind: „Och nee – ich hab 'nen neuen Freund – der macht mir ein neues Kind."

Eine weitere Ursache für die Vernachlässigung der Kinder besteht in der Mütterfeindlichkeit der Arbeitgeber. Eine Frau, die als Alleinerziehende darauf angewiesen ist, arbeiten zu gehen, verschweigt in Vorstellungsgesprächen besser, dass sie Nachwuchs hat, der eigentlich nicht zu lange allein gelassen werden sollte. Die Kosten für den Kindergarten, einen Krippenplatz oder ähnliches sind nicht aufzubringen – der Behördengang zur finanziellen Unterstützung und das Ausfüllen endloser Formulare eine Überforderung. Und da flexible Arbeitszeiten, die mit der Kindererziehung zu vereinbaren sind, nur selten gewährt werden, ist die Verwahrlosung des Kindes oftmals vorprogrammiert.

Dass viele Eltern völlig überfordert sind und ihren Kindern nicht gerecht werden (können), dass sie ungehalten losbrüllen oder sich irgendwie anderweitig unangemessen verhalten, fällt mir wegen meiner Anderen Tochter besonders auf. Mein Schicksal verändert meine Perspektive, meine Gedanken und Gefühle: Da haben sie ein gesundes und „normales" Kind und schimpfen über schlechte Zensuren, falsche Kleidung, falsches Benehmen, wo sie doch mit Zuwendung und Geduld, vielleicht auch mit einer engagierten Diskussion fast alles in den Griff bekommen könnten. Ich habe das naive Gefühl, dass man jedes Problem angehen und lösen kann, nur eben ein Anderes Kind nicht. Manchmal fühle ich mich deshalb Standardmüttern überlegen: Sie sollen sich mal nicht so anstellen! Ihre Probleme lassen sich lösen. Schließlich weiß ich, wie es sich anfühlt, wenn es wirklich etwas gibt, was absolut unabänderlich ist. Mir ist bewusst, dass meine Sichtweise naiv und unrealistisch ist. Auch ganz normale Kinder bereiten Probleme, ich habe ja selbst zwei von ihnen. Aber es ist ein deutlicher Unterschied, weil ich mit ihnen streiten kann. Und manchmal sehen sie sogar ein, dass ihre Eltern recht haben könnten.

Dann fällt mir das Zitat aus einer Kurzgeschichte von Wolfgang Borchert ein. In der wird erzählt, wie in dem kalten Winter gegen Kriegsende ein junger Mann nach etwas Brennbarem sucht, weil seine Frau mit ihrem neugeborenen Kind in einem ungeheizten, elenden Zimmer friert. „Aber er hatte keinen, dem er dafür die Fäuste ins Gesicht schlagen konnte."[15] Dieser Satz beschreibt meine Situation gut:

Es gibt einfach niemanden, den ich dafür verantwortlich machen kann, dass mein Kind anders ist. Keiner ist Schuld. Schon gar nicht das Andere Kind.

Maria

Maria hat eine Hundephobie. Sie ist nicht die einzige und wird ihre Gründe dafür haben. Man weiß ja, was so ein heranspringender Er-spielt-ja-nur anrichten kann. Besonders bei schlechtem Wetter, wovon es in unseren Breitengraden reichlich gibt. Vielleicht legt sie einfach Wert auf saubere Kleidung, was man wirklich verstehen kann. Oder sie hat keine besonders guten Erfahrungen mit Hunden gemacht. Vielleicht schätzt sie die Ruhe und das Gefühl, mit sich selbst allein zu sein. Oder sie will ganz einfach abschalten, in ihren Spaziergangs-Gedanken nicht von einem kläffenden Köter unterbrochen werden: Sie ist eine wirklich kluge Person.

Das Andere Kind hat eigene Erfahrungen mit Hunden gemacht und die Hunde durften eigene Erfahrungen mit dem Anderen Kind machen.

Es war ungefähr fünf Jahre alt, als es anlässlich eines Sonntagnachmittag-Spaziergangs auf zwei junge Jagdhunde traf, zwei auch für den Laien schön erscheinende Exemplare, die angeleint vor ihrem Herrchen standen. Bevor die nichtsahnenden Eltern Zusammenhänge herstellen konnten, machte sich das Andere Kind daran, Gelerntes umzusetzen. Die Zunge gehört in den Mund, Verzeihung, das Maul, und darf nicht raushängen. Und das Maul gehört geschlossen. Wie der Mund ja auch. Schließlich haben die Eltern das zigtausend Mal angeordnet und mit der Hand nachgeholfen, bis es klar war und von selber funktionierte. Denn gerade Kinder mit Down-Syndrom lassen die Zunge oft hängen und wirken mit diesem Gesichtsausdruck besonders dämlich. Mein Kind hat gelernt, die Zunge im Mund zu behalten. Ein schöner Erfolg. Auch der Besitzer dieser beiden Prachtkerle lernte dazu. Das Andere Kind raste zu der Gruppe Mann mit Hunden, griff blitzschnell jeweils eine heraushängende Zunge und stopfte diese dahin, wohin sie gehört: ins Maul. Mit beiden Händchen wurden die Mäuler zugeklappt. Klack machten die Zähne beim Aufeinanderschlagen der Kiefer. Das Andere Kind hielt seine Aufgabe für beendet und raste im selben Tempo zu den Eltern zurück. Der Lernerfolg war für die Hunde von nicht grundsätzlicher Art, denn sie weigerten sich, in dem Zustand zu verharren – fraßen aber auch nicht ihre kleine Lehrmeisterin. Unser Schockzustand lockerte sich dementsprechend schnell wieder. Der Hundeherr hielt sich vor Schreck die Hand vor den Mund, lächelte schließlich und ging seines Wegs. Die Hunde hielt er vorsichtshalber an der Leine, wofür ich ihm dankbar war.

Maria wäre möglicherweise in Anbetracht einer derartigen Darbietung in Ohnmacht gefallen. Es war aber vor ihrer Bekanntschaft mit dem Anderen Kind.

Als beide einige Jahre später schließlich aufeinandertrafen, musste, nein durfte ich feststellen, dass ich in Anwesenheit von Maria ab jetzt Luft war. Autismus hin oder her – in Marias Beisein versteckt das Andere Kind große Teile davon und macht großspurig auf Kumpel. Ein völlig unerklärliches Phänomen.

Bereits der erste Spaziergang zeigt das deutlich: Maria, bislang völlig unerfahren, was Andere Kinder anbelangt, plaudert munter mit dem unbekannten Gegenüber, ganz unbeeindruckt davon, dass keinerlei Antwort kommt. Maria würde jetzt sagen: „Natürlich kommt eine Antwort. Man muss nur genauer hinhören." Sie ist in ihren philosophischen Auslegungen eben unschlagbar. Mein Kind weicht nicht mehr von ihrer Seite, lässt ihre Hand nicht los, es sei denn, um sie vorausgehen zu lassen und ihr dann in die Arme zu laufen. Als es größer ist, sie fast umzurennen. Manchmal liebt es das Andere Kind, Maria zu schubsen, einfach so, um sich anschließend kaputt zu lachen, was es ansonsten selten bis nie macht.

Die ausgefahrenen Antennen des Anderen Kindes signalisieren Marias absolute Unvoreingenommenheit. Unbefangen kommentiert sie vorbeikommende Traktoren, einen Bach oder andere Alltäglichkeiten am Wegesrand – und eben auch Hunde, die, wie schon berichtet, nicht zu ihrem bevorzugten Umgang gehören. Aber weil Marias sprachloser Begleiter allenfalls Respekt, keine Angst zeigt, obwohl er bei einer Reitstunde auf einem Hund der Rasse Er-ist-zu-Kindern-absolut-lieb gebissen worden ist, übersteht Maria die zahllosen Sonntagvormittag-Hundebegegnungen ohne größeren psychischen Schaden. Der hässliche Pintscher, der einmal zu nahe gekommen ist, hatte leider Pech. Das Andere Kind, fest an Marias Hand, tritt ihm vors Maul. Heftig und ohne jede Vorwarnung. Mir tut das Tier leid, aber trotzdem muss ich ein Grinsen mühsam unterdrücken, als ich mich beim Frauchen entschuldige. Frauchen ist bestürzt und schimpft vor sich hin, während das hundekritische Paar seinen vom Anderen Kind verteidigten Weg unbeschadet und unbehelligt fortsetzt.

Was ihre Vorbehaltlosigkeit angeht, so ist Maria ein Unikum. Denn trotz aller Nächstenliebe und Toleranz bleibt mein Spezielles Kind den meisten Menschen fremd. Schmerzlich wird dies offenbar, wenn die Großeltern, beide die Liebe in Person, mit ihm zusammentreffen. Das geschieht anlässlich Geburtstags- oder Weihnachtsfeiern oder bei sonstigen Familientreffen. Das Andere Kind zieht sich in sich selbst zurück. Es sitzt zwar mit am Tisch, aber sein Blick geht nach innen. Vor allem ist die Großmutter traurig, weil kaum Kontakt zustande kommt. Immer dreht sich ihre Andere Enkelin weg, tut so, als seien die Großeltern gar nicht vorhanden. Die Großeltern haben die Kontaktverweigerung nicht verdient. Immer waren sie für alle Themen und Probleme offen, haben vor allem nach der Geburt mitgebangt und getröstet, wo es nur ging. Aber das Andere Kind hat eigene Gesetze, eigene Vorstellungen. Siehe Maria.

Erst als das Andere Kind fünfzehn Jahre alt ist, registriere ich bei einer Familienfeier, dass es kurzfristig einen Anflug von Offenheit zeigt. Dieser Blick war lange überfällig. Ich freue mich unglaublich, weil die Großeltern so glücklich dreinschauen.

Klassisches

Die Literatur bevorzugt geradezu das Andersartige, Besondere, Abartige bis ins Fratzenhafte und Groteske. Der Alltag erscheint in der Fiktion eher subtil, in seinen sich immer wiederholenden Abläufen verfremdet, wenn er überhaupt Gegenstand eines Buches ist. Alltag hat man schließlich selber zur Genüge. In feiner Ironie, aus ungewohnter Perspektive, in befremdlicher Art werden Sequenzen oder ganze Lebensläufe abgebildet. Das Normale dient lediglich als Folie, auf der das Ungewöhnliche konturiert erscheint.

Das Bizarre findet sich vor allem im Missgestalteten. Quasimodo, legendäre Figur aus dem Roman „Der Glöckner von Notre-Dame", mit seinem deformierten Schädel, dem durch eine riesige Warze zugewachsenen Auge und seinem Buckel, ist das Abbild der Hässlichkeit. Er dürfte das bekannteste Beispiel von abstoßendem Äußeren in der klassischen Literatur sein. Seinem Vorbild folgen zahllose ähnliche Konzeptionen von Figuren, die neben ihrem körperlichen Makel durch besondere Charakterzüge oder auch spezielle Fähigkeiten, sogenannte Inselbegabungen, faszinierend sind. So geht der Protagonist aus Süßkinds „Parfüm", wie Quasimodo ein Kind, das keiner haben will, ohne Eigengeruch seiner Leidenschaft für Düfte nach.[17] „Klein Zaches", der missgestaltete Gnom aus der gleichnamigen Erzählung E.T.A. Hoffmanns, kann auf seltsame Weise die Bewunderung seiner Mitmenschen gewinnen.[18]

Im „Bildnis des Dorian Gray"[19] stellt Oscar Wilde der äußerlichen Makellosigkeit ein teuflisches Innenleben an die

Seite. Die Hauptfigur, der reiche und schöne Dorian Gray, besitzt ein Porträt, das statt seiner altert und in das sich die Spuren seiner Sünden und Vergehen einschreiben. Während Gray immer maßloser und grausamer wird, bleibt sein Äußeres dennoch jung und makellos schön. Doch am Ende lässt sich dieses Trugbild nicht aufrechterhalten. Die Hauptfigur stirbt nach einem ausschweifenden Leben in Einsamkeit. Eine faszinierende Geschichte darüber, dass ewige Jugend und Schönheit nicht erstrebenswert sind, weil das Leben nun einmal Spuren hinterlassen muss.

Hervorzuheben ist ein Jugendbuch mit dem Titel „Mondjäger"[20]. Eine bislang von der Zivilisation unberührte Kultur im Amazonasgebiet sieht in einer körperlichen Missbildung ein besonderes göttliches Zeichen. Derjenige, der es trägt, wird der nächste Häuptling. Da er durch sein Handicap physisch im Nachteil ist, also beispielsweise nicht so gut oder auch gar nicht jagen kann und somit für die alltägliche Arbeit nicht die Voraussetzung mitbringt, hat er mehr Zeit als alle anderen Stammesmitglieder zum Nachdenken. Und wer so viel Zeit hat, eignet sich in besonderem Maße dazu, gut durchdachte Leitgedanken zu entwickeln und zu vertreten – zu regieren eben. Die Untertanen bringen ihm Ehrfurcht entgegen, weil er so klug und überlegen ist. Seine Wohnung ist besonders. Sein ganzer Habitus hat mythische Züge. Und das alles als Folge seiner Behinderung.

In Max von der Grüns Jugendroman „Vorstadtkrokodile"[21] wird die physische Beeinträchtigung indirekt Voraussetzung für die Aufdeckung eines Verbrechens. So löst ein querschnittsgelähmter Junge einen Kriminalfall, weil er einfach nicht so müde ist wie seine herumtobenden Kameraden, weshalb er stundenlang nachts am Fenster sitzt und seine Beobachtungen machen kann. So führt der Autor, übrigens selber Vater eines Anderen Kindes, den Nutzen der körperlichen Einschränkung vor, die seinen jungen Protagonisten heraushebt, indem er sogar in einem speziellen Bereich physisch – er benötigt einfach nicht so viel Schlaf – stärker als die „normalen" Kinder ist.

Die Beispiele körperlicher Absonderlichkeiten in der Literatur ließen sich seitenweise fortsetzen. Ergänzt sei wegen der erfolgreichen musikalischen Umsetzung noch der Kriminalroman „Das Phantom der Oper"[22], in dem es bekanntlich um einen Menschen geht, der aufgrund seiner abartigen Hässlichkeit ein trauriges, einsames Leben führt, zugleich aber auch eine besondere Begabung für Architektur und Musik hat. Diese lebt er sozusagen zwangsläufig aus, da er sich nicht in der Normalität aufhalten kann und viel Zeit für die Entfaltung seiner Fähigkeiten hat. Auch in diesem Roman tritt an die Stelle von Normalität das Besondere in Form von herausragender Begabung. Starrköpfigkeit, kriminelle Energie und mangelndes Schuldbewusstsein erscheinen als logische Folge des Ausgeschlossenseins, als Konsequenz aus der Unmöglichkeit, in eine Gesellschaft mit ihren für einen Betroffenen brutal eingeschränkten Vorstellungen von dem, was normal ist, integriert zu werden.

Geistige Einschränkung und ihre Poetisierung trifft man seltener. Wenn sie allerdings literarisch umgesetzt wird, äußert sie sich oft in einer geradezu erfrischenden Naivität – wie in den Märchen, in denen der scheinbare Dümmling, oft der jüngste Sohn, den großen Coup landet, reich wird und die Prinzessin als Zugabe obendrein bekommt, wodurch er von ganz unten nach ganz oben aufsteigt. Der Leser findet das nur gerecht!

Aus der Literatur, die im besten Sinne als klassisch gilt, seien zwei Werke genannt: Zunächst „Die Blechtrommel"[23] von Günter Grass, in der die Kunstfigur Oskar Matzerath als Dreijähriger beschließt, das Wachstum einzustellen, um auf diese Weise als scheinbar Unterentwickelter die Welt aus der Froschperspektive zu entlarven – in ihrer Scheinheiligkeit, in ihrem Opportunismus, in ihrer Skrupellosigkeit.

Oskar ist also für den Leser nicht als geistig Behinderter zu sehen. Die Rolle spielt er nur für viele seiner Mitmenschen im Roman. Ich erwähne ihn in diesem Zusammenhang, weil, bezogen auf den Aspekt der Euthanasie, die Figur des mutmaßlichen Vaters von Oskar, Alfred Matzerath, zutiefst menschlich handelt. Matzerath ist der typische Mitläufer, der dem Veranstaltungscharakter Nazideutschlands, in dem endlich richtig was los ist, total verfällt. Der tumbe Matzerath, der in der kalten Reichskristallnacht seine Hände am Feuer der Bücher „undeutscher", also verbotener Schriftsteller wärmt, zeigt eine einzige wirklich rührende Geste. Er zerreißt den Brief, der Ort und Datum nennt, um den für die Außenwelt behinderten Oskar zur Entsorgung in einer entsprechenden Klinik abzuliefern.

„Das geht doch nich. Man kann doch den eigenen Sohn nich. Selbst wenn er zehnmal und alle Ärzte dasselbe sagen. Die schreiben das einfach so hin. Die haben wohl keine Kinder."[24]

Maria, Matzeraths zweite Ehefrau, reagiert so, wie es zu jener Zeit für viele üblich gewesen ist.

„Aber wenn se sagen, das macht man heut so, denn weiß ich nich, was nu richtig is. (...) Aber siehst ja: is nich jeworden, wird überall nur rumjestoßen und weiß nich zu leben und weiß nich zu sterben."[25]

Matzerath liest den Brief wieder und wieder und zerreißt ihn. Grass lässt Oskar den Gedanken seiner von der Regierung verordneten Tötung weiterspinnen und dies lässt vor allem den Leser mit einem Anderen Kind nicht unberührt.

„Wenn Oskar auch, dank Matzerath, nicht in die Hände jener Ärzte geriet, sah er fortan und sieht sogar heute noch, sobald ihm Maria unter die Augen kommt, eine wunderschöne, in bester Gebirgsluft liegende Klinik, in dieser Klinik einen lichten, modern freundlichen Operationssaal, sieht, wie vor dessen gepolsterter Tür die schüchterne doch vertrauensvoll lächelnde Maria mich erstklassigen Ärzten übergibt, die gleichfalls und Vertrauen erweckend lächeln, während sie hinter ihren weißen, keimfreien Schürzen erstklassige, Vertrauen erweckende, sofort wirkende Spritzen halten."[26]

Das Thema Euthanasie lässt mich nicht wirklich aus seinen Klauen. Immer wieder werde ich mit diesem Phänomen deutscher Geschichte konfrontiert. Grass hat den Vorgang in seiner Vorstellung sehr plastisch beschrieben. So ähnlich war es vielleicht, wäre es vielleicht meinem Anderen Kind ergangen. Eine entsetzliche Vorstellung.

Wenn es um geistige Behinderung geht, verkneift sich die Literatur weitgehend Spaß und Boshaftigkeit, als ob die Autoren spürten, dass dies unpassend ist. Wenn sich jemand wirklich nicht wehren kann, wird er nicht preisgegeben – weder der Lächerlichkeit noch der Häme. Er erscheint in seiner Hilflosigkeit liebenswert. An dieser Stelle sei auf die wunderbare Novelle „Der Schimmelreiter" von Theodor Storm verwiesen. Die Novelle definiert Goethe als „unerhörte Begebenheit", durch die das Leben des Protagonisten seine Bahn ändert. Im „Schimmelreiter" ist damit der Kauf des wundersamen Pferdes durch die Hauptfigur Hauke Haien gemeint. Der Verkäufer ist ein Vagabund mit befremdenden Zügen. So erhält später auch der Schimmel in den Augen der einfachen Bevölkerung teuflische Attribute. Im Leben Hauke und Elke Haiens findet eine andere Wendung des Schicksals auf anrührende Weise ihren Ausdruck. Elke, die sich sehnlichst ein Kind wünscht, bekommt nach mehreren Jahren endlich eines. Die schwere Geburt und Haukes Angst um seine im Kindbettfieber liegende geliebte Frau lassen nichts Gutes ahnen. Das Kind, das Elke und Hauke nach Jahren endlich den lang gehegten Wunsch nach einer richtigen Familie erfüllen soll, ist ein Anderes Kind. Der Vater reagiert liebevoll und tröstend auf dieses Unglück, dem dadurch der Schrecken genommen wird. Die entsprechende Textstelle wird das Motto der Geburtsanzeige für mein eigenes Anderes Kind. Hier ist die entscheidende Textstelle, aus dem das Motto entnommen wurde.

Er reichte ihr die Hand und drückte sie, als ob es zwischen ihnen keines weiteren Wortes bedürfte; sie aber sagte leise: „Nein, Hauke, laß mich sprechen:
das Kind, das ich nach Jahren dir geboren habe, es wird für immer ein Kind bleiben. O, lieber Gott! Es ist schwachsinnig; ich muß es einmal vor dir sagen."
„Ich wusste es längst", sagte Hauke und hielt die Hand seines Weibes fest, die sie ihm entziehen wollte.
„So sind wir denn doch allein geblieben", sprach sie wieder.
Aber Hauke schüttelte den Kopf: „Ich hab sie lieb, und sie schlägt ihre Ärmchen um mich und drückt sich fest an meine Brust; um alle Schätze wollt ich das nicht missen!"
Die Frau sah finster vor sich hin: „Aber warum?" sprach sie; „was hab ich arme Mutter denn verschuldet?"
– „Ja, Elke, das hab ich freilich auch gefragt; den, der allein es wissen kann; aber du weißt ja auch, der Allmächtige gibt den Menschen keine Antwort – vielleicht, weil wir sie nicht begreifen würden."[27]

Angekommen

Die Anderen Kinder verdienen es, dass wir bei ihnen ankommen. Der Volksmund sagt: „Sorgenkinder sind Lieblingskinder". Da ich mehrere Kinder habe, musste ich feststellen, dass das nicht wirklich stimmt, weil ich davon überzeugt bin, jedes meiner Kinder auf ganz besondere Weise zu lieben. Zustande gekommen ist das Sprichwort vermutlich folgendermaßen: Es liegt auf der Hand, dass das Andere Kind sehr viel Zeit braucht und noch mehr Nerven verschleißt. Und das rechnet sich auch noch überhaupt nicht – nicht wirtschaftlich. Aber das Gefühl, absolut gebraucht zu werden, von dem Anderen Kind in keiner Weise hinterfragt zu werden, unter Umständen nur Emotionen austauschen zu können, hat was. Viele Menschen leiden darunter, nicht wirklich gebraucht zu werden. Ich werde, solange ich und mein Anderes Kind leben, niemals ein solches Gefühl zu haben brauchen. Ich bin die Nummer Eins für jemanden – er ist auf mich angewiesen und es kommt auf mich an. Eine große Verantwortung. Manchmal ist man damit überfordert. Aber es gibt Anlaufstellen, Leute in vergleichbaren Situationen – ich muss nicht alles alleine schaffen. Es stimmt einfach: Man wächst in diese Aufgaben hinein und man wächst an den Aufgaben.

Bis zur Akzeptanz des Anderen Kindes vergeht unterschiedlich viel Zeit. Die Aggression gegen das Schicksal äußert sich verschieden.

„Nach der Stillphase suchen wir ein Heim." Das sagte eine Frau, die ich in der Lebenshilfe kennenlernte, über ihr Kind mit Down-Syndrom. Eine Einstellung, die sowohl für sie, als auch für mich aus heutiger Sicht völlig unverständlich ist. Das Mädchen ist inzwischen zwanzig Jahre alt, liest, schreibt und sieht klasse aus. All das war allerdings nur möglich, weil es eine wichtige Operation überstand.

Die Schauspielerin Angela Winkler, unter anderem durch ihre Rolle als Oskars Mutter Agnes aus der „Blechtrommel" und als Hauptfigur aus der Verfilmung von Heinrich Bölls Bestseller „Die verlorene Ehre der Katharina Blum" berühmt, sprach in einer Fernsehsendung freimütig über ihre gelegentliche Frustration im Zusammenhang mit ihrem Anderen Kind. Wie weit sie heute davon entfernt sein wird, zumal ihre Tochter Nele in die Fußtapfen der Mutter getreten ist und im Theater Ramba Zamba selber als Schauspielerin agiert ...

Mir hatte es damals, als das Andere Kind über mich hereingebrochen war, die Sprache verschlagen. Und meine ohnehin nicht gerade verlässliche Orientierung verließ mich fast ganz. Ich fand plötzlich noch nicht einmal mehr das Klinikum, in dem mein Kind lag und hatte zeitweise Wortfindungsschwierigkeiten. Ich stand neben mir – ganz ohne Alkohol oder andere Drogen.

Das Andere Kind wird nach etwa vier Wochen aus der Frühchenintensivstation in die kalte Welt entlassen und soll in absoluter Ruhe und Wärme umsorgt werden. Kein Tragesack, keine Reisen, denn es ist zu klein und zu schwach. Ich tue von allem das genaue Gegenteil. Nicht aus bewusstem Trotz, sondern einfach so. Ist es unterschwellig das Gefühl, es sei ja doch alles egal bei einem solchen Kind? Meine Unruhe ist nicht zu bremsen. Das winzige Kind ist kaum drei Tage zu Hause, was im Klartext heißt, drei Tage entkabelt und aus dem Wärmebettchen der Intensivmedizin entlassen, da fahre ich zu den liebsten Verwandten der Welt nach Norddeutschland. Immerhin eine Reise von fast fünfhundert Kilometern. Da werde ich versorgt, kann mich ganz und gar dem Winzling widmen, bei dem auch zwei

Monate nach der Geburt das Hemdchen der kleinsten Babygröße bis über die Knie reicht, was aussieht, als hätte ich ihm ein weißes Kleidchen angezogen.

Die Milch ist gleich nach der Eröffnung, dass es sich um ein Anderes Kind handelt, versiegt. Der Schock – sagen die Ärzte. Aber mir geht es bald besser. Und kaum dass ich mit Mann und Maus wieder zu Hause bin, geht's ab nach Holland. Dort stopfe ich den Winzling in einen rundum verschließbaren Tragesack und nehme ihn von da an überall mit hin. Nur mit Wohnwagen und Fahrrad – der Rest der Familie muss nämlich wieder nach Hause in Schule und Beruf – bin ich mit dem Anderen Kind allein. Zum ersten Mal. Der Campingplatz ist leer. Kein Ort ist in der unmittelbaren Nähe. Ich fahre endlos Fahrrad, das Andere Kind eingetütet im Tragesack. Ich sitze alleine am Strand. Nicht ganz alleine. Das Andere Kind und jede Menge Möwen sind auch noch da. Und die Milch, die ich plötzlich habe, nach neun Wochen – sie wird Monate das Andere Kind ernähren. Der Schock ist vorbei. Alles ist in Ordnung. Von jetzt an.

Nicht alle schaffen es, Frieden zu schließen. Sie leiden unter einer Art Versagersyndrom, wenn das Kind genetisch anders gestrickt ist oder wenn die Mutter die Geburt nicht richtig hingekriegt hat. Den Mangel beziehen wir Mütter gerne auf uns. Die Trennungsquote betroffener Eltern ist groß – viele Väter wollen leben, nicht lebenslang versorgen. Aber es gibt auch die, die immer da sind. Ich zum Beispiel kann mich ganz auf meinen Mann verlassen.

Aber ist das nicht der Fall, bahnt sich eine ganz schwierige Situation an: Die nunmehr alleinerziehenden Mütter können nicht arbeiten gehen, weil sie sich für das Andere Kind verantwortlich fühlen. Ist dieses schwerst mehrfachbehindert, muss immer jemand zur Verfügung stehen. Sie sind geradezu zwangsläufig dem folgenden Schicksal ausgeliefert: Das Geld – oft Sozialhilfe – reicht nur zusammen mit dem Pflegegeld für das Andere Kind, um zu leben. Ist es eines Tages erwachsen, wird es nicht in ein Wohnheim gegeben, sondern es bleibt bei der Mutter, weil ja sonst das Pflegegeld wegfällt und somit das Geld zu knapp wird. Zurück in einen Beruf zu gehen ist bei der aktuellen Arbeitsmarktlage nahezu unmöglich. Außerdem ist das Andere Kind längst der ganze Lebensinhalt dieser Mütter. Sie haben logischerweise den Anschluss an die Berufswelt mit ihren rasant sich verändernden Ansprüchen verpasst.

Ich habe anders entschieden. Erstens bin ich nach einem Jahr Babypause wieder arbeiten gegangen, da eine sehr liebe Kinderfrau in meinem Haushalt ihre Bestimmung gefunden hat. Dass das meiste Geld meiner halben Stelle dafür draufgegangen ist, erschien unwichtig. Hauptsache raus aus den vier Wänden und hinein in das, was zur Normalität gehört: in den Freundeskreis, in den Verein, in den Beruf …
Mein Anderes Kind ist jetzt mit zwanzig Jahren in einem Wohnheim. Inzwischen verlässt es mit seinen Mitbewohnern morgens das Haus, um zur Haltestelle zu gehen, um mit dem Bus zu einer Werkstatt zu fahren, wo es arbeiten kann. Es war furchtbar schwer für uns. Ich habe mich wie ein Verräter gefühlt, obwohl es nichts zu verraten gab. Wie eine Rabenmutter, die ihr Kind verstößt – aus Egoismus. Ich weiß, dass es meine Mitmenschen niemals so sähen. Ich brauche mich also nicht zu rechtfertigen. Aber das ändert nichts an diesem miesen Gefühl, das ich habe. Es ist eine besondere Art von Kummer, weil eine schleppende Ohnmacht mit ihm einhergeht. Und trotzdem weiß ich, dass es keine Alternative gibt. Ich habe dem Anderen Kind in Gedanken ein Dutzend verschiedene Briefe formuliert, in denen ich meine Entscheidung zu erklären versuche. Einen von ihnen habe ich aufgeschrieben.[28]

Zeit

„Wie schaffst du das alles bloß?", ist eine Standardfrage an mich. Unzählige Male bin ich es schon gefragt worden. Mit „das" ist alles um das Andere Kind gemeint. Und dann gibt mein Gegenüber selber die Standardantwort: „Dafür hätte ich keine Zeit." „Dafür" steht für Versorgung, Therapie, Behördengänge, Beaufsichtigung, Spurenbeseitigung und so weiter.

Echt originell sind Floskeln gegen den Dauerstress unserer Zeit. „Den Ball flach halten" ist so eine für cholerisch Vorbelastete, die dringend mal eine Auszeit brauchen und sich – ohne je religiös gewesen zu sein – in ein Kloster einkaufen, um endlich einmal Ruhe zu finden. Ihnen kommt so ein stiller Vertreter der Geistlichkeit, der keinerlei Ansprüche an sie stellt, gerade recht. Stress zu haben ist in, denn wer ihn nicht hat, wird verdächtigt, auf der faulen Haut zu liegen. Er gilt als unkreativ, ohne Engagement. Ein Loser.

So paradox es klingt: Ich habe Zeit. Wenn irgendwer anruft und fragt, ob es eventuell gerade nicht passe, passt es meistens, es sei denn, das Andere Kind überlegt sich gerade ein Katastrophenszenarium. Es zerscheppert zum Beispiel Saftflaschen, kippt Blumentöpfe aus und vermengt deren Inhalt – mit Schnipseln Staniolpapier. Darüber kippt es gebröseltes Brot und noch eine Beigabe aus der Biotonne. Das Ganze hätte ohne Zweifel Ausstellungsformat, und zwar im Sinne Joseph Beuys'. Es hätte sozusagen das Zeug zur künstlerischen Avantgarde. Aber in meine Wohnung passt es nicht wirklich, zumal sich auch keine zahlenden Kunstbeflissenen einstellen und das Fernsehen gerade nicht zur Stelle ist.

In solch extremer Kombination kommen diese Kunstwerke aber nicht mehr oft vor. Ich habe tatsächlich Zeit – und offenbar deutlich mehr als ganz viele andere Menschen. Wie das kommt? Weil ich vieles nicht machen kann und gar nicht erst anfange, da es nicht in meinen Lebensplan passt. Alle Aktivitäten außer Haus – sei es Yoga, Seidenmalerei, Malen mit Öl, Acryl oder Kreide, Feng Shui, Bauch-Beine-Po-Gymnastik und Tiffany – die Reihe ist beliebig fortzusetzen – wollen in Absprache mit der gesamten Familie abgewogen sein, denn das Andere Kind hält nichts von dergleichen Aktivitäten. Auch die Nähmaschine führt ein Schattendasein, weil das Andere Kind zur falschen Zeit hilfsbereit aufs Pedal tritt und ich hektisch nach dem Stecker springe, um ihn herauszuziehen. Völlig aussichtslos bleibt die Vervollkommnung am Computer. Bis ich erproben kann, was mir die Familienmitglieder gerade haarklein erklärt haben, fließt soviel Wasser den Rhein entlang, dass mir kaum die Erinnerung an mein Codewort für irgendwas bleibt, was ich ebenfalls längst wieder vergessen habe: Blindfisch. Der passendste Begriff für Mütter Anderer Kinder, die eigentlich ernsthaft vorhaben, etwas ganz gründlich zu lernen.

Es hat noch nie einen solchen Zeitfresser und Gesellschaftsspalter gegeben wie den Computer. Die einen können, die anderen nicht. Ich gehörte lange zu den anderen – passend zu dem Anderen Kind. Ich konnte es mir persönlich gar nicht leisten, so unendlich viel Zeit in ein Gerät zu investieren, das unfähig ist, die Bewältigung banaler lebenspraktischer Dinge voranzubringen. So gesehen hatte ich all die Zeit, die andere am Computer saßen, um ihn eines Tages zu beherrschen, zur freien Verfügung. Da kamen einige Stunden zusammen. Da mir nichts abstürzte, sparte ich außerdem eine Menge Stress – der ganze Ärger konnte mir nichts tun. Addiert man noch sämtliche Feng-Shui- und Selbstverwirklichungsseminare, die ich ebenfalls abhaken konnte, kamen mit Hin- und Rückfahrt noch mal ein paar Stündchen dazu. Summa summarum mehr als die Therapien zeitweilig verschlungen haben. Und das war je nachdem, was gerade angesagt war, auch nicht wenig.

Inzwischen sind diverse Jahre ins Land gegangen, der Computer hat mit mir Frieden geschlossen, pariert weitgehend und ich gebe mich gerne als jemand zu erkennen, der erst dann online reiste, als diese Route bereits einigermaßen kartografiert war.

So kam damals – und kommt heute – für mich immer ein Spaziergang in Frage, ein ausführliches Telefonat, Besuch, der gerne spielend auf dem Boden hockt und sein Glas umgehend leer trinkt und seinen Kuchen zügig aufisst, weil das sonst das Andere Kind für ihn erledigt. Die Reizüberflutung, die heute Kinder und Erwachsene zu ersticken droht, dringt nicht bis zu mir, weil ich sie gar nicht erst einschalten kann, selbst wenn ich wollte. Das Andere Kind erträgt keine volle Dröhnung – egal von was. Autisten leiden schnell unter zu vielen Reizen, können sie nicht ertragen – also denke ich gar nicht erst an Shopping oder ähnliches. Das Andere Kind würde sich aufs Pflaster schmeißen und an Ort und Stelle liegen bleiben. Überreden, Hochziehen, Schimpfen, Bitten wären dann zwecklos. Es gäbe allenfalls noch einen lang aufgesparten Hektoliterbach Urin als besondere Zugabe mit anschließendem Entledigen der durchnässten Klamotten. Und da in solchen Momenten die Erdspalte nicht ausfindig zu machen ist, in die ich dann so gerne versinken würde, bleibe ich lieber, wo ich bin: zu Hause.

Es ist nicht so, dass mein Leben automatisch ruhig verläuft. Nur ist meine Aktivität auf das Andere Kind geeicht und nicht auf das, was das Leben zum Zeitvertreib so bietet. Um den Ball flach zu halten – siehe oben – wird ja manches investiert, was die nötige Entspannung bringen soll. Die Zahl entsprechender Angebote steigt ebenso wie die Gage für diejenigen, die dafür sorgen, dass man „runterfährt". Natürlich ändert das nichts an den Ursachen, die für das Burn-Out-Syndrom der arbeitenden Bevölkerung verantwortlich sind. Lediglich die Symptome werden bekämpft – von Kurieren keine Spur, da die Ursachen bleiben. Der Kursteilnehmer erlernt nur Techniken, um kurzfristig entstresst den Status quo aufrechterhalten zu können. Das Sehnen nach Ruhe zieht nicht wirklich irgendeine Lebensveränderung nach sich. Nur in den seltensten Fällen kommt es zu einem sogenannten Downshifting: Die Betroffenen reduzieren ihre Arbeitsstunden im Job oder nehmen eine minder angesehene Arbeit an, wozu sie die Karriereleiter abwärtsgehen müssen. Sie kaufen ein Haus außerhalb des Stadtkerns, nehmen eine billige Wohnung oder hausen ab jetzt zur Miete. Sie leben mit weniger Geld, weniger teuren Anschaffungen, weniger Hektik. Kurzum: Sie bauen sich eine Gegenwelt auf. Hört sich ganz leicht an, ist es aber nicht. Oft ist der Preis, den die Workaholics zahlen, ehe sie zurückschalten, hoch: Sie erleiden Herzattacken, Asthma, Bandscheibenvorfälle oder sie ereilt ein besonderes Schicksal: Sie bekommen zum Beispiel ein Anderes Kind.

Ein nicht unbeträchtlicher Teil des Buchmarktes existiert überhaupt nur, weil Menschen den Wunsch nach Abschottung vom übermächtigen Alltag haben. Es werden so viele Lebensweisheiten angeboten, dass man annehmen könnte, für jeden sei etwas dabei. Letztlich lassen sich alle diese Werke in einem Satz zusammenfassen: Lerne nein zu sagen. Ein solch schlichter Titel würde den Zeitgeist karikieren – aber im Grunde beschreiben viele Bücher nur wortreich, was man in Zukunft alles nicht tun soll. Und zwar ohne das Gefühl, nicht zu genügen oder zu versagen oder der Vorstellung von Schuld, etwas nicht umgehend erledigt zu haben.

Diese Zusammenhänge waren vor dem Anderen Kind noch nie Gegenstand meiner Überlegung gewesen. Aber jetzt sind sie unumgänglich.

Zeit und Kram

Katapultiert sich nicht derjenige, der zugibt, Zeit zu haben, ins Abseits, obwohl ihn alle beneiden müssten? Schließlich beschwert sich heute jeder anständige Berufstätige darüber, keine Zeit zu haben. Ich kann nicht anders als zu schmunzeln, wenn gestresste Zeitgenossen diverse Nächte durcharbeiten, um dann eine dreiminütige, fantastische, formvollendete, nie dagewesene Präsentation zu bieten, deren Superergebnis die Menschheit früher innerhalb eines Viertelstündchens schlicht zu Papier gebracht hätte. Von wenigen Ausnahmen einmal abgesehen, haben die Menschen heutzutage verlernt, Prioritäten zu setzen. Sie spüren andauernd ein Muss im Nacken, das sie rastlos werden lässt. Ein Beispiel dafür ist, dass sich die Massen spätestens Anfang Dezember geradezu leidenschaftlich und ohne auch nur kritisch zu zögern dem Konsumterror und der Dekowut hingeben. Diese fressen die Zeit einfach weg. Die endlosen Lichterketten in der dunklen Jahreszeit, die unter anderem die mühsam an Hauswänden befestigten Weihnachtsmänner illuminieren – Kitsch as Kitsch can – hängen sich ja nicht selbst auf. Dank ihrer wartet man inzwischen vergeblich darauf, dass es zumindest hin und wieder einmal richtig dunkel wird in unseren Städten. Inzwischen werden diese endlosen Lichtwürste immerhin als prollig gebrandmarkt. Vielleicht wirkt das – und eines fernen Tages wird es nachts noch einmal richtig duster und geheimnisvoll.

So ein Lichtsmog kommt für mich auf keinen Fall in Frage. Er läge nicht lange an der von mir dafür vorgesehenen Stelle, weil er bisher nicht dort lag. Auch würde das Andere Kind entscheiden, dass man Licht draußen auszuschalten hat. Macht man drinnen schließlich auch, wenn man schlafen geht. Schon wieder Arbeit, Zeit und Geld gespart. Sie sehen schon, wer der heimliche Zeit- und Geldvernichter in unserer Gesellschaft ist: der Kram. Ein alter Bekannter, den man allzu gerne verdrängt.

Wie atmet rings Gefühl der Stille,
der Ordnung, der Zufriedenheit!
In dieser Armut welche Fülle!
In diesem Kerker welche Seligkeit!
(Faust I, Abend)

Mit dem Begriff „Kerker" lässt Goethe seinen Faust nicht etwa über ein Gefängnis und dessen Behaglichkeit sinnieren. Es geht um Gretchens absolut einfache Verhältnisse, in denen sie „gefangen" ist. Faust, der selbst so viel kann und weiß, bewundert ihre Beschränkung, weil diese mit Zufriedenheit einhergeht. Er, der rastlos suchende und umherirrende Geist, voller Unmut, was man heutzutage als schwere Identitätskrise bezeichnen würde, findet nämlich nicht zu sich selbst und „schlachtet" deshalb Gretchen für seine Zwecke aus: Verliebt und begierig reißt er, der Unbehauste, sie aus ihrer tiefen Verwurzelung und die Sache endet in der Ihnen bekannten Weise: nämlich für Gretchen tödlich.

Auch zweihundert Jahre nach Goethes Bestseller ist der Mensch vom Einfachen fasziniert. Anders kann man sich nicht erklären, dass mehrteilige Fernsehsendungen auf den Kick setzen, der mit künstlich notwendig gemachter Einschränkung einhergeht. Ob Schwarzwaldhaus[30], Antarktis oder Baikalsee – die freiwillig am Experiment teilnehmenden Familien geben für eine Zeitlang ihre überfrachteten Verhältnisse auf und leben ein einfaches Leben. Und ganz offensichtlich sind sie glücklich dabei. Die Umstände diktieren ein für unsere Verhältnisse extrem karges Dasein. Man sieht's und ist begeistert – jedenfalls sprechen die Einschaltquoten dafür. Die Akteure überschlagen sich, wenn sie später in Talkshows von den einfachen Verhältnissen, der Ursprünglichkeit und den Einschränkungen berichten. Da fallen die anfänglichen Klagen über das fehlende Handy und den mangelnden Fernsehkonsum als witzige Kommentare des Bedauerns der Freiwilligen gar nicht ins Gewicht. Schließlich sitzt man als Zuschauer bequem auf dem Sofa. Die Familienmitglieder dieser Art von Life-Rollenspiel versichern, dass sie ganz viel darüber gelernt hätten, was im Leben wirklich wichtig ist. Wichtig heißt hier notwendig. Und da fällt im Zelt der Rentierzüchter in der Tat so einiges weg. Der Zuschauer bewundert dies wohl, kriegt es aber nicht hin, zu Hause reinen Tisch zu machen, dem Konsumterror ein Schnippchen zu schlagen. Kein Wunder, bewundert er die Kargheit doch vor eben jenem Fernseher, den er zuerst entsorgen müsste, wollte er fokussierter und beschränkter leben. Doch paradoxerweise sind ihm gerade die Dinge lieb und wert, von denen er ständig sagt, sie seien „zu viel". Damit ist beileibe nicht der Fernseher gemeint, ohne den es nun wirklich kein Leben gibt, sondern Sofakissen, Dekofiguren, Bilderrahmen, Vasen, teure Stereoanlagen und dergleichen mehr. Der Prototyp des Überflüssigen ist für mich der Weinflaschenhalter. Er sorgt dafür, dass die nun diagonal stehende Flasche nun mehr Platz wegnimmt, als wenn sie in ihrer natürlichen Weise hingestellt wird. Ja, ja – erst so entfaltet der Wein sein unvergleichliches Bouquet. Glauben Sie das ruhig ... Für das Andere Kind aber ist so ein silberner Weinflaschendiagonalpositionierer das ideale Wurfgeschoss.

Das Dekozeug muss entstaubt und im Rhythmus der Jahreszeiten ausgewechselt werden, weil Weihnachtskugeln eben ein anderes Rund haben als Ostereier. Praktischer wäre da, die Kugeln einfach vom Weihnachtsbaum nahtlos ans frische Grün umzuhängen. Ich spare mir beides, weil solche Kugeln zerbrechlich sind.

Und dann die bange Frage: Darf man Omas Vase einfach fallenlassen? Wem könnte man die absonderlichen Kerzenständer andrehen? Auch hierfür gibt es reichlich Literatur der Marke „Weg mit Feng-Shui". Noch einfacher ist es, den Kram im Spätherbst zum Flohmarkt der Lebenshilfe zu transportieren. Sollte es den in Ihrer Nähe nicht geben, so finden Sie bestimmt eine passende Alternative, wo sie den Kram, anstatt ihn in die Tonne zu „kloppen", loswerden können. Sollen ihn doch einfach mal andere entstauben.

Das Andere Kind hat vor Pyramiden aus dem Erzgebirge keinerlei Achtung, obwohl die richtig teuer sind. Auch klirren Vasen, gleichgültig ob mit oder ohne Rosen, fantastisch. Je größer, desto besser. Die Wohnung verkastet? Ja – unter dem Gesichtspunkt der netten Dinge, die man aufstellt, tut sie das. Aber es bietet sich auch die Chance von Freiräumen – ganz wörtlich genommen. Im Übrigen sind die putzigen elektrischen Wohnzimmerplätschersteinbrünnchen schon wieder out. Hat wegen Tchibo, Lidl, Schlecker & Co jeder – bis auf die Leute mit den Anderen Kindern, weil Wurfgeschosse dieser Art echt gefährlich werden können.

Bei aller Ironie – das Andere Kind diktiert die Beschränkung aufs Wesentliche. Der Luxus des Einfachen[31] hat hier eine echte Chance. Wichtig: Einfach darf man nicht mit billig verwechseln. Die Dinge, die man wirklich braucht und die trotzdem einfach sind, dürfen ruhig etwas kosten.

Sie werden dem entgegenhalten, dass man bei Kleinkindern auch alles hochstellen muss – dass also die Dekoration und die CD-Sammlung erst ab 1,20 Meter Höhe beginnt, damit der Nachwuchs nicht Dinge in die Finger bekommt, die für ihn gefährlich sein könnten oder die Ihnen lieb und teuer sind. Außerdem möchten Sie verständlicherweise nicht andauernd die Wohnung aufräumen oder Schnittwunden verpflastern. Früh versuchen Sie, durch ein mehr oder weniger strenges Nein das Kleine dahingehend zu erziehen, die vielen Gegenstände Ihres Daseins in Ruhe zu lassen bzw. wieder an Ort und Stelle zu deponieren. Mit Geduld lenken Sie Ihr Kind auf sein eigenes interessantes Spielzeug und wenn das nicht hilft, bringt ein Spaziergang mit Spielplatzbesuch, bei Nieselregen darf es auch mal der Fernseher sein, die ersehnte Erleichterung: Der Forscherdrang erlahmt, kommt zum Stillstand und das Kleine glotzt ein wenig, während Sie sich zumindest kurzfristig ein bisschen Ruhe gönnen. Die haben Sie schließlich auch verdient. Diese Phase ist sicherlich eine der anstrengendsten der Aufzucht, weil nicht die Wohnung kindgemäß, sondern das Kind wohnungstauglich konditioniert werden muss. Die Phase geht vorüber – irgendwann spielt das Kind in verträglicher Weise und eines Tages akzeptiert es Ihre Sphäre. Es hat ja inzwischen auch schon eine eigene.

Das Andere Kind nicht. Es wird größer und stärker. Es reagiert nicht auf ein noch so gestrenges Nein. Der Fernseher lässt es kalt, es sei denn, er bietet Anlass, die eigenen körperlichen Kräfte an ihm zu erproben. Ich besaß also zwangsläufig immer ein sehr neues Modell, bis es durch Flachbildschirme die Möglichkeit gibt, den Fuß des Gerätes festzuschrauben. Und zwar sehr fest von allen Seiten. Sozusagen eine Rundumverriegelung des Fernseherfußes. Eine Frieden stiftende Erfindung meines Mannes. Jetzt hat mein Fernseher gute Überlebenschancen und altert vor sich hin.

Ich kenne eine Familie, die sämtliche Räume, die vorübergehend unbewacht sind, in denen sich also gerade kein Erwachsener aufhält, abschließen muss. Die systematische Zerstörung – eine Art Abräumkommando – vollzieht sich nicht sichtbar aggressiv, aber unaufhaltsam, als gehe es nach einem geheimen Plan. Es läuft gewissermaßen ein Programm ab, das erst stoppt, wenn kein Stein mehr auf dem anderen liegt: Egal, ob Bettzeug, Schreibtischutensilien, Inhalte von Regalen, Schränken, Schuhablagen, Abfallkörbe, Mülleimer, Milchtüten, Bierflaschen, Porzellan, Blumen – alles wird herausgezerrt und umgeworfen. Die hier bewusst umfangreiche Aufzählung soll das potentielle Ausmaß der Zerstörung greifbar machen. Wie leicht hat man etwas stehenlassen, unverschlossen, mal eben wo hingelegt. Vielleicht die Kaffeedose oder das Schuhputzzeug, weil gerade jemand anrief. Oder man lässt die Arztrechnung, die soeben mit der Post kam, auf dem Tisch liegen. Man kann sie nach wenigen Sekunden nur noch als Reality-Puzzle entziffern. Also frisch ans Werk!

Der inzwischen erwachsene „Junge" leistet ganze Arbeit – er muss so handeln, weil er nicht anders kann. Ein innerer Zwang verlangt es ihm ab, so dass es für ihn unerträglich ist, wenn er nicht Hand anlegt. Und wenn er alle umherstehenden Gläser leert und hinwirft, die Legoburg oder das Puzzle der Geschwister unmittelbar nach der Fertigstellung vom Tisch fegt, zerstört, vielleicht sogar in die Zimmer der Schwestern eindringt und dort rigoros abräumt, was gerade in Mädchenzimmern verheerend sein kann, vor allem, wenn ein Schrank offen steht, heißt es: „Wieso habt ihr nicht abgeschlossen?" oder „Ist ja klar, wenn ihr die Sachen einfach stehen lasst, die Türe nicht hinter euch verrammelt ..." Dass Geschwisterkinder sehr anders aufwachsen, sei hiermit schon einmal angedeutet. Auf das Thema der Schattenkinder werde ich an späterer Stelle eingehen.

Mein Anderes Kind hat ein etwas moderateres Konzept, kann aber keinerlei Veränderung ertragen, die zum Beispiel entsteht, wenn ich irgendeinen Gegenstand woanders hinstelle als üblich. Ein Blumenstrauß an ungewohnter Stelle – sagen wir mal, auf dem Wohnzimmertisch – ist inakzeptabel. Er stand da nie, gehört also auch nicht dorthin. Und zack – liegt er am Boden, das Wasser läuft, wohin es will, die Blumen verknicken. Man muss sich als Familie dringend darauf einstellen. Es ist am besten so. Schwierig, fast unüberwindlich wird es bei notwendigen Veränderungen. Das Andere Kind mag nicht in das neue Auto steigen. Das alte ist aber längst verkauft. Es geht nicht einen Weg nach rechts, wenn Sie bisher an jener Stelle links abgebogen sind. Sofort lässt es sich fallen oder rennt in die gewohnte Richtung. Auch die neue Wohnung der älteren Schwester wird es nicht betreten – auch nicht, wenn man den Lieblingskuchen vorweg trägt – sozusagen als Lockmittel. Rattenfängermethode nennt man das. Aber es wirkt nur bedingt. Und das will was heißen, denn dieser spezielle Kuchen ist dem Anderen Kind wichtig.

Man kann es vielleicht mit einer Phobie vergleichen. Zumindest mit einer starken Antipathie gegen etwas, das man akzeptieren soll, aber eigentlich nicht akzeptieren mag oder kann: Beispielsweise ist die Farbe Rosa nicht die Farbe Ihrer Wahl. Jedenfalls nicht als Gestaltungselement Ihrer Wohnung. Aber genau mit dieser Farbe sollen Sie Ihre gesamte Behausung streichen, obwohl Sie sich ab sofort nur noch an Schweine erinnert fühlen: rosa, fett, quiekend, unausweichlich zum Schlachten. Am liebsten würden Sie schreiend aus dem Haus rennen, davonlaufen oder wenigstens Ketchup-Flaschen gegen die Wände feuern, die Wohnung, koste es, was es wolle, unbewohnbar machen.

Dies ist in etwa vergleichbar mit dem Mechanismus, dem manche Andere Menschen gehorchen müssen. Die Zerstörung hat System und mit Gegenattacken halten Sie ein Anderes Kind nicht auf.

Hierin liegt der Grund, weshalb ich mit meinem Anderen Kind nur Brigitte besuchen kann und mag: Brigitte hat nicht viel, will auch nicht viel. Außerdem macht es nichts, wenn das Andere Kind Bücher abräumt, denn Brigitte hat Andere Kinder unterrichtet und kann sie oft besser begreifen als die Nicht-Anderen. Brigitte hat für dein Anderes Kind ein Trinkgefäß aus Blech. Brigittes Kissengemütlichkeit ist unzerstörbar. Das Andere Kind fühlt sich wohl und stapelt vor allem die schwereren Dinkelkissen auf seinen Bauch, weil es dann seinen Körper spürt. Am liebsten wäre es ihm, man würde sich noch oben drauf legen.

Nur manchmal fliegt etwas die Treppe hinunter. Die Möglichkeit des freien Falls mit anschließendem Geschepper ist zu verführerisch. Aber weil Stefanie absolutes Verständnis hat, bleibe ich entspannt. Das gelingt nur bei ihr und bei einer Mutter eines ebenfalls Anderen Kindes. Nur diese beiden sind mein außerhäusiges Refugium. Verstehen und nachvollziehen können ist nämlich zweierlei. Wie oft schon wurde ich – ausdrücklich mit der ganzen Familie – eingeladen. Lieb gemeint, aber ich sage ab. Es geht nicht. Die Wohnungen sind nicht darauf eingerichtet und die Gastgeber wissen nicht wirklich, worauf sie sich einlassen, können es auch nicht ahnen. Alle Familienmitglieder des Anderen Kindes stünden unter Strom, wären pausenlos in Hab-Acht-Stellung, was als nächstes passieren würde. Es hat kein einziges Mal geklappt und irgendwann gesteht man sich ein, nur noch als verheirateter Single Besuche unternehmen zu können, es sei denn, ein Betreuer der Lebenshilfe steht zur Verfügung, was allerdings mit Organisation und Kosten verbunden ist. Aber wenn erst einmal klar ist, dass Familienbesuche zu nervenaufreibend sind, hat man im Grunde gewonnen. Man gewöhnt sich daran, alleine Unternehmungen zu machen. Wenn man nicht schon vorher selbständig war – durch das Andere Kind wird man es. Soviel ist sicher. Ich bin absolut autark. Das ist gut so, denn Freundschaften müssen gepflegt werden – sonst geht ein wichtiges Stück Normalität verloren. Leider ziehen sich manche Eltern Anderer Kinder sehr zurück, weil zum Beispiel die Frau nicht mobil ist, sich nicht alleine traut, etwas zu unternehmen. Dies müsste im Elternkreis betroffener Menschen aufgearbeitet werden, schon um der möglichen Vereinsamung vorzubeugen.

Sie werden sich jetzt vielleicht fragen, was das alles mit dem Thema Kram zu tun hat. Der Rückzug in die eigenen vier Wände reduziert die unweigerliche Beschädigung von unter Umständen wertvollem Kram eines potentiellen Gastgebers. So ist dieses Thema ausgesprochen weitreichend. Es berührt auch noch einen anderen Bereich des zivilisierten Abendlandes: Geschenke.

Aber vorher sollen Sie noch die Geschichte über den Besuch der anderen Mutter hören, zu der ich mich mit meinem Anderen Kind noch bis vor kurzem getraut habe. Während wir im Wohnzimmer fröhlich Waffeln mampfen, das Andere Kind frisst sie eher, weil es so furchtbar gerne Waffeln mag und deshalb unanständig schlingen muss, riecht es so merkwürdig. Irgendwie verbrannt. Wir stürzen in die Küche, aus der der Pflegesohn, ebenfalls ein Anderes Kind, ein Getränk holen sollte. Dummerweise hatte man vergessen, die Streichhölzer wegzuschließen. So hatte Olli in aller Ruhe ein Streichholz angezündet und es an die Wand gehalten. Fasziniert stand er vor der züngelnden Tapete und sagte strahlend und voller Stolz in seiner unverwechselbaren Aussprache: „Mama! Brennt!"

Nichts erinnert mehr an die Wasserschlacht, die Ollis freudiger Feststellung folgte. Die Küche ist neu tapeziert, das Haus durchlüftet, die Versicherung in ihrer Notwendigkeit bestärkt, die Streichhölzer eingeschlossen.

Zeit und Geschenke

Die Spielregeln hierzu sind so unantastbar, dass sich längst Profis dieses Themas annehmen: Für Bares suchen Sie für Ihre Lieben das Passende aus und verpacken es gemäß der Jahreszeit und des Anlasses. Natürlich auch des Geldbeutels. Sie kennen die Frage kurz vor Weihnachten, ob man schon alle Geschenke beisammen habe. Dann geht es daran, Schildchen mit Weihnachtsmännern, Schneemännern, Tannenbäumchen und Merry Christmas anzuheften: Frohes Fest für …/Fröhliche Weihnachten für … Sie kennen das zur Genüge. Da immer noch in zahlreichen Familien oder gruppenorientierten Singletreffs jeder gegen jeden antritt, hat man bis Heiligabend richtig was geschafft. Nur – was schenkt man einem Anderen Kind? Einem Menschen ohne „normales" Spielverhalten? Ohne gängige Bedürfnisse? Dem es auch schnurzegal ist, ob seine Jeans eine Levis oder Miss Sixty ist oder ob sie aus der Wühltheke von Aldi oder Lidl stammt. Der sich eine Kette sofort vom Hals reißen würde. Der jedwedes Spielzeug als Wurfgeschoss betrachtet. Der für einen Kinogutschein keinerlei Verwendung hat, auch kein Handy, keine Playstation, keinen MP3-Player und kein Laptop gebrauchen kann, von Skiern, Inlinern oder einem Skateboard ganz zu schweigen.

Ich kenne Familien mit spastischen Kindern, die einen Laden für Kuscheltiere komplett bestücken könnten – und zwar mit völlig unbenutzten Stoffexemplaren in allen erdenklichen Größen, Farben und Preisklassen. Alle neu. Alles in drei riesige Kartons gepackt, die ihr Dasein auf dem

Kleiderschrank fristen. Das Andere Kind kann nichts damit anfangen, kann nicht greifen, kann keinen Bezug zu einem noch so knuddeligen Knut aufbauen.

Die allerliebsten Stofftierchen fallen unter die Rubrik „Verlegenheitspräsent für Behinderte". Die Verwandten, Freunde und Bekannten zerbrechen sich die Köpfe, womit sie dem Anderen Kind eine Freude bereiten könnten, was sie sicherlich ehrt. Und ehrlich gesagt, die Eltern von Anderen Kindern auch, denn viele Andere Kinder haben bald alles, womit sie etwas anfangen können, schon deshalb, weil man diese Kinder besonders fördern und beschäftigen möchte. Mein Anderes Kind besaß zum Beispiel riesige bunte Schaumstoffklötze, an denen es aufstehen und klettern lernen und später, als es größer und kräftiger wurde, stapeln konnte. Ein sehr sinnvolles therapeutisches „Spielzeug", was richtig viel gekostet hat.

Man geht bald dazu über, den Mitmenschen zu signalisieren, dass ein weiteres Geschenk einfach keinen Sinn hat. Es sei denn … – Vor etlichen Jahren trat in der Weihnachtszeit ein Komiker im Fernsehen auf, den man nicht vergessen sollte. Er erschien nackt. Fast nackt, denn an entscheidender Stelle trug er eine große Schleife. Das war alles. Mit breit ausgemessenem Grinsen sprach er in die bundesdeutschen Wohnzimmer: „Verschenken Sie sich doch einmal selbst."

Behalten Sie Ihre Klamotten ruhig an – ist ja trotz Klimakatastrophe wirklich etwas kalt um die Weihnachtszeit – aber ansonsten ist die Nummer der absolute Hit. Schenken Sie sich und Ihre Zeit. Befassen Sie sich mit dem Anderen Kind, schenken Sie ihm einen Abend. Seien Sie sicher, dass die Eltern vor lauter Freude sprachlos sind. Sie könnten nämlich einfach einmal spontan ausgehen – also wie „richtige" Leute das Kinoprogramm studieren und sich für einen Film entscheiden oder ein Restaurant aufsuchen, ohne tagelang nach jemandem zu fahnden, der zum Beispiel vom „Familienentlastenden Dienst" zu genau dem vorgesehenen Termin geschickt werden kann – für achtzehn Euro die Stunde. Und diese Person bräuchte dann noch bitte einen Draht zum Anderen Kind. Was passieren kann, wenn das nicht der Fall ist, zeigte sich, als ich dringend – ausnahmsweise mit Mann – zu einem runden Geburtstag wollte: Das Andere Kind ging vor lauter Verzweiflung, weil es mit jener Frau so gar nichts anfangen konnte, an den Schrank und nahm Glas für Glas heraus, um es in der Küche auf die Fliesen zu knallen, derweil die nicht minder verzweifelte Aufsichtsperson bald den Nahkampf aufgegeben hatte, um wenigstens die Scherben aufzukehren.

Am besten stehen Sie mit einer Tüte mit Schleife und Aufschrift „Zeit" im Türrahmen. Sie werden einen unglaublichen Treffer landen. Im Idealfall sind Sie nämlich für das Andere Kind kein Fremder und die Gläser bleiben im Schrank.

Ehrlichweise werden die Anderen Kinder ganz bewusst mit Dingen beschenkt, um zu demonstrieren, dass sie doch dazugehören, dass sie für den Schenker wie ein normales Kind sind. Ist lieb gemeint. Wir Eltern wissen das zu schätzen, freuen uns darüber. Eine nette Geste – zumal ja oft in Wirklichkeit wir Eltern gemeint sind, weil in den meisten Fällen auch unausgesprochen jeder weiß und sieht, dass das Andere Kind genau genommen mit dem Geschenk nichts macht. Es sei denn, man kann es hinschmeißen. Aber ein wirkliches Geschenk müsste anders sein. Eine Tüte voll Zeit würde nicht auf der Halde für unbrauchbare Präsente landen. Wenn man es genau bedenkt, wäre das nicht nur ein Geschenk für Andere Kinder, sondern auch für Herrschaften, die alles haben, was sie brauchen oder besitzen möchten, für Kinder in ihrem Überfluss, der heute normal ist – vielleicht ganz einfach jeder würde sich über Ihre verschenkte Extraportion Zeit freuen.

Episoden der anderen Art

Wer Kinder hat, weiß, wovon hier die Rede ist. Unser Nachwuchs verfällt gelegentlich derart abstrusen Ideen und blamiert seine Eltern bis auf die Knochen. Ich wette, Ihnen fallen auf Anhieb zig schräge Episoden Ihrer Kinder, Nichten, Neffen oder Enkel ein, in denen Ihnen vor lauter Verlegenheit heiß und kalt wurde und die Sie mit dem nötigen Abstand Jahre später gerne zum Besten geben. Familienanekdoten eben, die, je länger sie zurückliegen, umso eher mit „Weißt du noch ..." beginnen und in allgemeiner Heiterkeit enden.

„Kinder und Narren sprechen die Wahrheit", lautet ein Sprichwort. Und nicht nur das. Sie handeln tabufrei, hemmungslos und völlig spontan. Sie erwischen Sie gerade auf dem falschen Bein und bringen Sie an den Rand Ihrer Contenance. Die gesellschaftlichen Spielregeln werden von ihnen ungewollt und unbewusst verletzt. Das ist oft erfrischend komisch, wird meist belächelt und, je kleiner die Kinder, desto selbstverständlicher entschuldigt. „Ist nicht so tragisch, macht jedes Kind ..." Die Erwachsenen sind oft gerührt, kindliches Verhalten macht durch seine Naivität auch in den Medien Quote.

Zunächst ist das bei einem Anderen Kind nicht anders. Solange es noch klein ist, wirkt es manchmal gerade in seiner Besonderheit besonders niedlich. Sein Anderssein, verbunden mit ungewöhnlichen Handlungsweisen, wird wohlwollend belächelt. Oft habe ich erlebt, dass vor allem von älteren Damen ein aufmunternder Blick, eine liebevolle

Geste stilles Einverständnis demonstrieren soll. Ich finde das deutlich angenehmer als das Wegsehen. Es ermutigt, den Weg mit dem Anderen Kind aufrecht zu gehen.

Besonders in Erinnerung bleibt die folgende Episode: Ich sitze mit Mann und Kind, noch im Sportwagen, vor der Eisdiele am Tisch in der Sonne. Vor mir ein Cappuccino. Plötzlich erhebt sich die ältere Dame, die gerade gezahlt hat, von ihrem Tisch, begibt sich zu uns, beugt sich zu dem Anderen Kind und umarmt es. Zu mir sagt sie: „Es ist ein besonders liebes Kindchen." Dabei lächelt sie mich unglaublich liebevoll an, dreht sich um und geht.

Aber auch das Andere Kind wird größer. Nicht so sein Benehmen, das mit zunehmendem Alter natürlich deutlicher und unangenehmer auffällt. Trotzdem gibt es auch bei den Anderen Kindern, die bereits im Schulalter sind, Situationen, die zumindest für die Zuschauer, auf jeden Fall aber für die sturmerprobten Eltern zum Totlachen witzig sind.

Sie kennen das: Am Strand ist das große Badetuch oder die Strandmatte ausgebreitet, der Körper vom Sand befreit, die umständliche Eincremerei endlich erledigt und es darf gesonnt werden. Ein korpulenter Mann legt sich nach dieser zeitraubenden Vorbereitung wie ein relaxendes Walross auf die Matte, um sich wohlig zu bräunen. Das Andere Kind schaut aus einiger Entfernung unauffällig und mit harmlosem Gesichtsausdruck, scheinbar gänzlich unberührt zu. Jetzt, als der Mann endlich in der richtigen Position – Bauchlage – liegt, kommt sein Part. Bevor die ahnungslosen Eltern aktiv werden können, weil alles blitzartig vonstatten geht, springt das Andere Kind unvermittelt auf und rennt los. Es betritt – natürlich total versandet – das blanke Strandlaken und nimmt mit Schwung auf dem breit dargebotenen Rücken des Walrosses Platz, damit das Spiel beginnen kann: Hoppereiter ist angesagt. Das Walross erschrickt in beängstigender Weise. Wird es seinen Reiter in hohem Bogen abwerfen? Es kann nicht glauben, was doch Wirklichkeit ist. Der kolossale Urlauber ist ohne Kind angereist – man muss den Schock verstehen. Das Andere Kind hat bereits ein ziemliches Gewicht und blitzartig bin ich froh, dass es sich das stattliche Walross ausgesucht hat und keinen magersüchtigen Hungerhaken, der bei dem Schwung mittig durchgebrochen wäre. Das Problem ist, dass ich mich irgendwie für mein Anderes Kind entschuldigen muss, was gar nicht so leicht ist, weil ich vor Lachen kaum gerade stehen kann. Und dem Walross, das vom Anderen Kind für seinen Ritt auserkoren wurde, ist absolut nicht zum Lachen zumute. Sobald ich in dieses sauertöpfische Gesicht blicke, ist es erst recht um mich geschehen. Ich wiehere wie ein Pferd, was die mühsam herausgeprustete Entschuldigung noch grotesker macht. Leider kann ich mich und meine alberne Ader nicht gut beherrschen – eine dumme Eigenschaft für jemanden mit einem Anderen Kind.

Ich schaffe es auch nicht, als mein Anderes Kind einen Mann beobachtet, der mit baumelnden Beinen am Beckenrand eines Pools sitzt und seine Sonnenkappe neben sich ablegt. Sein Blick geht urlaubsmäßig versonnen in die Weite, die Hände sind neben ihm aufgestützt, die Schultern ein wenig hochgezogen, die Kopfhaltung leicht schräg. Vielleicht hat er es gerade jetzt geschafft, einmal an nichts zu denken. An absolut gar nichts. Im Nu reißt sich das Andere Kind los und wirft – schwupp – die Kappe in den Pool. Völlig irritiert und um Bündelung der fortgeschickten Gedanken bemüht schaut sich der Badegast um. Ich wiehere wie üblich mein Bedauern heraus und der bis dato trockene Urlauber springt verdrießlich ins Becken, rettet sein Mützchen und legt es wieder neben sich – diesmal zum Trocknen. Nach wenigen Sekunden schafft er es, sich wieder in der Urlaubs-Pool-Position einzurichten. Diesmal nass, aber es ist heiß und da ist es eher angenehm, wenn man sich zwischendurch kurz abkühlt. Ich gehe mit dem Anderen Kind weiter, grinse immer noch vor mich hin, aber das Andere Kind hat eigene

Pläne. Wenn der Hut schon nicht da sitzt, wo er hingehört, nämlich auf dem Kopf, dann muss er verdammt noch mal ins Wasser. Das Andere Kind hat inzwischen eine ganze Menge Kraft. Und zack – liegt die blöde Kappe schon wieder im Wasser. Der Mann ist richtig wütend und ich lache ihn an, habe inzwischen auch eine Menge Zuschauer, die weder mich noch mein dämliches Gegacker witzig finden. Absurdes Urlaubstheater. Wo steht eigentlich der Mann mit der versteckten Kamera? Unwillkürlich gucke ich nach oben in die Baumkronen – keiner zu sehen, der die Nummer hätte filmen können. Eigentlich schade.

Völlig brüskiert blickte auch ein Besucher der Landesgartenschau einer Kleinstadt auf uns, als das Andere Kind blitzschnell sein Brot, welches er am Schnellimbiss auf dem Unterteller erhalten hatte, in die Erbsensuppe warf. Was will man machen? Das Brot liegt in der Suppe, die bei dieser Aktion natürlich übergeschwappt ist. Das Andere Kind ist zufrieden und ich muss wieder mal völlig unangebracht loslachen. Dabei geht mir blitzartig durch den Kopf, dass der Mann, ein großes und kräftiges Exemplar, bei dem ich auf Handwerker tippe, noch froh sein kann, dass das Andere Kind nicht, wie es eigentlich gut zu ihm passen würde, das Brot gegriffen und ihm weggefuttert hat. Natürlich nicht, ohne im Affenzahn zwischendurch mal kurz ins Süppchen einzutunken. Glück hat er gehabt und weiß es gar nicht.

Schluss mit lustig

Die oben angeführten Beispiele sind witzig – keine Frage. Sie tun niemandem wirklich weh, und ich stehe nach jahrelanger Übung im Allgemeinen über der Blamage, an die man sich echt gewöhnen kann. Ein Mitlachen oder eine aufmunternde Geste der Umstehenden oder Betroffener könnte den Eltern Anderer Kinder schon weiterhelfen. Das ist und war auch oft der Fall. Zum Beispiel, als sich das Andere Kind an einen gedeckten Tisch im Freien setzte, an dem gerade „Die Anglerfreunde e.V." anlässlich ihres Sommerfestes nach ausgiebigem Wettangeln ihre nett angerichteten Speisen genießen wollten. Man guckte zunächst leicht irritiert, aber weil mein Kind partout nicht dazu zu bewegen war, seinen Platz ohne Mahlzeit wieder zu räumen, gab man ihm halt belustigt etwas auf den Teller und damit war's gut. Satt und zufrieden erhob sich das Andere Kind, ich schalt mich wegen meiner Inkonsequenz und mangelnden Durchsetzung, aber alles in allem hatte ich das Gefühl, dass nichts Schlimmes passiert war.

Es gibt jedoch auch die anderen Erlebnisse, die peinlichen und die gefährlichen.

Was würden Sie zum Beispiel sagen, wenn Sie mit Ihrer Begleitung an einem Tisch im Freien speisen und sich mit einem Mal blitzartig eine kleine, aber sehr schnelle Person an Ihren Tisch setzt und sich daran macht, Ihre Pommes zu verschlingen? Na gut, bestellt man sich neue, nachdem man die Situation realistisch hat einschätzen können. Aber wie würden Sie empfinden, wenn sich die Person urplötzlich die Hose herunterreißt und genau neben Ihren Tisch pinkelt, ohne dass es von den an ihm herumzerrenden Eltern wegbewegt werden kann? Oder wenn Sie gerade einen Happen in den Mund schieben, als ein Teller wie eine Frisbeescheibe durch die Gastwirtschaft segelt, um in Ihren Speisen zu landen? Klar – er hätte Sie auch am Kopf treffen können. So gesehen ist das Ihr Tag! Nach überstandener Attacke weiß man ja bekanntlich erst das Leben richtig zu schätzen ...

Der Tag des fliegenden Tellers ist zu einem Stück Familiengeschichte geworden. Es war das letzte Mal, dass meine Familie gemeinsam mit dem Anderen Kind in einem Restaurant war. Es geht nicht. Vor lauter Anspannung kann keiner von uns in Ruhe sein Essen genießen. Vorbei. Und das, obwohl der unglaublich nette Ober von seiner Schwester erzählt, die ebenfalls ein Anderes Kind hat, und sagt, das sei nun einmal so und man müsse so etwas tolerieren. Und passiert wäre ja nichts außer ein paar Scherben. Also alles nicht so dramatisch. Aber ich weiß sofort, dass ich es ab jetzt nicht mehr will.

Auch Schwimmbäder und Spielplätze sind seit Jahren tabu. Das Andere Kind schubst so gerne kleine Kinder ins Wasser – einfach so. Es geht derart schnell, dass ich es nicht verhindern kann. Einmal hat es einen Winzling von, sagen wir einmal, zwei Jahren erwischt. Sein Vater sprang geistesgegenwärtig hinterdrein, tauchte und holte es zurück an die Oberfläche. Es war der letzte gemeinsame Schwimmbadbesuch. Nicht auszudenken, was passiert wäre, wenn ... Dabei war der Mann nicht einmal böse oder schockiert, was ich ihm hoch angerechnet habe.

Der kleine Junge wird an der Kasse im Supermarkt mal eben hingeworfen – auf den gefliesten Boden. Seine Mutter reagiert sehr verständnisvoll, aber man hat Angst, dass er sich bei dem Aufprall am Kopf verletzt hat. Nur zwei Minuten vorher hat das Andere Kind einen riesigen Stapel Teller umgehauen. Okay, es war ein Sonderangebot und hässlich waren sie obendrein. Der Einkaufstrip liegt fünf Jahre zurück. Es ist keiner mehr gefolgt. Vorbei.

Einmal noch haben wir uns auf eine Bank an einen Biertisch gesetzt, um Pommes, Grillwurst und Limo einzufahren. Das Andere Kind freut sich, weil es das so gerne isst und trinkt und wir freuen uns auch. Sobald die Limo leergetrunken ist, schnappen wir uns das Glas, um es heile zurückzubringen. Das nimmt uns das Andere Kind übel – das Glas war wohl eine feste Größe in seinem Plan gewesen. Sozusagen als Nachtisch dieser prickelnde Klang beim Zerscheppern. Da wir sein Vorhaben durchkreuzt haben, sucht es, wie immer völlig unvermittelt, nach einer Alternative – und wirft den kompletten Tisch um.

Jetzt habe ich Ruhe. Ich weiß zuverlässig, dass es schiefgehen wird, gleichgültig, was ich mir vornehme. Ich lasse das Andere Kind bewacht zu Hause – erledige, was erledigt werden muss. Tue es alleine. Dann hört auch das Gefühl auf, dass ich mein Kind vor den Blicken anderer Leute schützen muss, um kleine Kinder einen großen Bogen zu machen habe, bei Hunden zum Himmel sende, der Köter möge doch bitte rechtzeitig abdrehen, damit er keinen Tritt vors Maul kriegt.

Längst habe ich mich daran gewöhnt, dass nur noch Spaziergänge in menschenleerem Terrain Entspannung und Abwechslung für mich, meine Familie und das Andere Kind bringen. Wenn es hier in die Hose macht, sich in eine Pfütze wirft – egal. Dann ist es eben voll und verdreckt. Da ich immer unmittelbar daneben stehe, ich auch! Aber ich muss nicht auch noch glotzende Zuschauer ertragen oder um Schadensbegrenzung ringen. Den Rest erledigt die Waschmaschine.

Eine neue Dimension

Der Terminus „Alopecia Areata" gehörte bislang nicht zu meinem Repertoire. Das ändert sich schlagartig, als ich die langen, blonden Loreley-Haare des Anderen Kindes besonders sorgfältig bürste und trotz Zappelei versuche, eine Art Bauernzopf hinzukriegen. An einer Stelle seitlich auf dem Kopf entdecke ich eine kahle Stelle. Rund und in der Größe eines Eurostücks. Reißt sich mein Kind etwa seit neustem die Haare aus? Komisch. Ich frage in der Schule nach. Irgendjemand sagt etwas von kreisrundem Haarausfall und ab da bin ich in heller Aufregung, lasse keinen Artikel im Internet aus und bin bald Experte für diese Krankheit. Ein Alptraum, wenn das auch noch auf uns zukommt, denke ich. Und das Andere Kind hat ein Faible für Alpträume.

Schon wenige Tage später sehe ich eine weitere Stelle und die erste ist größer geworden. Die nun folgenden Besuche beim Hautarzt verlaufen stressig. Die stumme Patientin will sich nicht untersuchen lassen – nur auf dem Boden geht es so einigermaßen, während sie einen Judogürtel durch ihre Hände laufen lässt. So hocke ich mit dem netten Arzt auf dem Linoleum der Praxis. Das erste Medikament ist eine harmlose Haarwuchssalbe. Als die kahlen Stellen an Zahl und Größe weiter zunehmen, kommen aggressivere Mittel zum Einsatz. Die blanken Stellen sind jetzt knallrot und jukken. Manche werden blutig gekratzt. Ich schneide die Haare kurz und ordne sie so an, dass die Stufen die mittlerweile großen Lücken überdecken. Aber die Krankheit schreitet unaufhaltsam fort. Die linke Kopfhälfte ist schließlich kahl, die anderen Stellen sehr groß, eine Augenbraue fehlt komplett, die andere ist gestückelt. Der Anblick deutet auf Idiot. Es ist schrecklich. Eine Perücke kommt nicht in Frage – das Andere Kind toleriert allenfalls eine weiche Fleecemütze. Aber inzwischen ist es Sommer und kein Mensch trägt eine Mütze. Ich verlasse das Haus mit dem Anderen Kind nur noch mit Hut. Jetzt suche ich noch stärker die Einsamkeit, weil es nicht leicht ist, die mitleidigen oder entsetzten Blicke zu ertragen, wenn das Andere Kind sein Sommerhütchen vom Kopf reißt, um es durch die Gegend zu schmeißen.

Fast jede Nacht schleiche ich mit einer Lupe ans Bett und suche die kahlen Flecken ab. Nichts.

Auch der dritte Hautarzt weiß kein Patentrezept. Wieder einmal gehe ich in mich, will akzeptieren, was ich nicht ändern kann. Aber es klappt nicht. Mein hübsches Anderes Kind – so entstellt. Die Wochenschau, dieses Phantom, quält zusätzlich. So kahl rasiert sahen die armseligen Kreaturen aus, die man damals auf entwürdigende Weise gefilmt hat, um sie anschließend umzubringen.

In Norddeutschland gibt es „Besprecher". Sie werden dort ganz selbstverständlich aufgesucht, wenn die ärztliche Kunst am Ende ist. Und was ich als Nordrhein-Westfale nie in Erwägung gezogen hätte, gerät mir wie ein Strohhalm vor die Nase, an den ich mich klammere. Die alte Frau ist rührend und hat so gar nichts von einer Hexe. Merkwürdig ist, dass mein Anderes Kind freiwillig und ohne Zicken das Häuschen – es erinnert tatsächlich an ein Hexenhaus – betritt. Auf dem Sofa sitzend bekommt es eine Steinfigur zum Spielen und die Frau geht ans Werk. Spricht unverständliche Formeln, macht Handbewegungen über dem Kopf der Patientin, als wolle sie eine lästige Fliege verscheuchen. Immer und immer wieder. Dreimal muss ich dorthin. Weil ich mich in Not fühle, kommt kein Gelächter auf und ich lasse die Frau gewähren.

Aber die Kahlheit breitet sich weiter aus. Meine Lupengänge ersticken jede Hoffnung auf neuen Haarwuchs. Eines Tages höre ich von einem Heiler aus den Niederlanden. Auch diese Station hätte ich bei klarem Verstand niemals angesteuert, aber er soll schon vielen geholfen haben. Er entpuppt sich als äußerst netter rundlicher Mann, der von sich sagt, er habe soviel Energie abbekommen, dass mancher Patient die von seinen Händen ausgehende Wärme kaum ertragen könnte. Vor allem für Kinder könne es zu stark sein. Aber ich will es versuchen. Das Andere Kind duckt sich dauernd weg, benimmt sich zerstörerisch, wirft umherstehende Utensilien durch den Raum. Trotzdem fahre ich Woche für Woche dorthin. Nach etlichen Sitzungen sagt der Heiler, es hätte längst wirken müssen. Es täte ihm sehr leid, er wolle auf keinen Fall Geld, helfen könne er nicht. Die Ehrlichkeit spricht für ihn. Ich bin sehr traurig, habe aber akzeptiert, dass mein Kind nun so durchs Leben muss. Was kann mich schließlich noch schocken ...

Na gut. Noch zur Heilpraktikerin. Die letzte Anlaufstelle, die noch aussteht. Wie die Indianer sitzen wir im Schneidersitz auf dem Fußboden. Das Andere Kind will es so. Und dann kommen die für den Heilpraktiker endlos vielen Befindlichkeitsfragen, an deren Ende klar ist, dass mein Kind lieber salzig als süß isst, dass es sich in bestimmten Situationen auf diese Weise benimmt und in anderen auf jene, dass es jüngst gleichzeitig sowohl das Schulgebäude, als auch den Lehrer gewechselt hat. Die Diagnose lautet: Das Andere Kind hat Kummer. Dass das viele Menschen haben, die trotzdem ihre Haare nicht abwerfen, verkneife ich mir zu sagen, denn im Gegensatz zu dem Anderen Kind können diese ihr Elend herauslassen. Stattdessen kaufe ich Tropfen gegen Kummer – auf dem Etikett zwei Buchstaben und eine Zahl dahinter. Die verabreiche ich täglich zweimal vier Stück. Die Hoffnung habe ich allerdings längst aufgegeben, denn das Andere Kind ist nach Ablauf eines Jahres fast komplett kahl. Klar, dass ich es trotzdem lieb habe.

Vier Wochen später hat das Andere Kind irgendeinen Dreck auf seiner Glatze. Ich wasche den Kopf, der dunkle Fleck ist geblieben. Ich renne nach der Lupe. Winzige schwarze Punkte gehäuft an einer Stelle. Ich breche beinahe in Tränen aus vor lauter Glück. Es dauert insgesamt ein ganzes Jahr und verbraucht drei Fläschchen Kummertropfen. Die Loreley hat heute wieder langes blondes Haar – ohne kreisrunde Löcher.

Durch die Maschen gefallen

Das bundesdeutsche Schulwesen ist ein ausgeklügeltes System von Schachteln und Dosen. Jeder kleine und nicht mehr kleine Mensch wird in etwa austariert und in ein Schächtelchen gepackt. Kein anderes Land leistet sich so viele Lernabteilungen. Dass damit ein Sozialstatus wie im indischen Kastenwesen einhergeht, sei hier nur am Rande erwähnt.

Das Schulsystem für die Anderen Kinder hat zwar nicht für alle Eventualitäten eine Schachtel parat – bei weitem nicht – aber es gibt immerhin Schulen für Körperbehinderte, Hörgeschädigte, Blinde, Sprachheilschulen, Schulen für Lernbehinderte und für geistig Behinderte, um die wesentlichen zu nennen. In den letzteren, den sogenannten GB-Schulen, steht der lebenspraktische Unterricht im Vordergrund. Die Kinder lernen z. B. einen Tisch zu decken oder an einem solchen während einer Mahlzeit sitzen zu bleiben. Eine Mutter erzählte nach diversen Hospitationen, sie habe den Eindruck, es werde in der Hauptsache gefrühstückt und wenn endlich alles ab- und weggeräumt sei, sei für Unterricht, wie man ihn sich landläufig vorstellt, kaum noch Zeit. Das klingt sicherlich etwas polemisch, aber besagte Mutter ist nicht die einzige, die diesen Eindruck hat. Jeder, den das Prozedere interessiert, muss sich ein eigenes Bild machen von dem, was unsere Anderen Kinder als Lernangebote erhalten. Es dürfte auch von Klasse zu Klasse unterschiedlich sein – je nachdem, welche Kinder zu einer Lerngruppe zusammengefasst werden. Da dies nach alter

Väter Sitte mit dem Alter und nicht mit den Fähigkeiten einhergeht, kommt meist eine bunte Mischung zustande.

Mein Anderes Kind ist zunehmend autistisch und kann mit Sprache nichts anfangen. Ob es überhaupt hören kann? Ein aufwendiger Test in Vollnarkose kommt zu einem positiven Ergebnis. Es kann. Der Eindruck von Schwerhörigkeit kommt durch seine Wahrnehmungsstörung zustande. Was nun? Warum reagiert es so wenig, obwohl es hört? Warum spricht es nicht? Das Andere Kind scheint unter einer Käseglocke versunken zu sein. Vorgebeugt sitzt es auf einer Matte und dreht ein Tuch oder ein Seil in seinen Händen, es sei denn, es gibt etwas zu essen oder es wird in den „Snoozleraum" gebracht. Das ist ein Raum voller akustischer, visueller und taktiler Reize – also zum Beispiel ausgestattet mit einem Wasserbett und sehr anmutigem Lichtspiel in einer Röhre, in der Wasser sprudelt. Logopädische Versuche bringen nicht den erwünschten, oder man muss wohl ehrlicherweise sagen, den ersehnten Erfolg. Im Spiel mit den verschiedensten Materialien wird es aufmerksam, lässt sich auch zum Mitmachen animieren – aber nicht durch Worte.

Unserem bildungspolitischen Schächtelchenwesen entsprechend werden die Lehrer ausgebildet: Jeder Sonderschullehrer für seine spezielle Klientel. An der Schule meines Kindes ist das nicht anders, bis – ja bis eine junge Lehrerin nach erfolgreichem Examen bei ihrer Schulbewerbung versehentlich an die falsche Schule verfrachtet wird. Ausgebildet als Sonderschullehrerin für Hörgeschädigte landet sie an der Schule für geistig Behinderte. Und der Zufall will es, dass sie als zweite Kraft in die Klasse meines Kindes kommt, das mittlerweile in der dritten Klasse sitzt. Da sie jahrelang trainiert hat, sich mit ihren Schülern in Gebärden zu verständigen, setzt sie dies an der eigentlich falschen Schule fort. Wir werden bald zu einem Gespräch gebeten. Ob wir einverstanden wären, wenn sie in sprachbegleitender Gebärdensprache mit unsrem Kind kommuniziere. Unser Kind würde darauf ansprechen. Ich bin einigermaßen fassungslos. Warum hat das nicht schon mal eher einer versucht? Mit Gesten habe ich zwar hantiert, aber nicht konsequent und nicht immer mit denselben für einen bestimmten Sachverhalt. An der GB-Schule war bisher Gebärdensprache eben nicht vorgesehen. Die ist nur für Hörgeschädigte. Also gibt es auch eigentlich keine Gebärdenlehrer an der GB-Schule. Aber dank der falschen Einordnung besagter Lehrerin hebt sich die Käseglocke über meinem Kind. Es guckt tatsächlich auf die sprechenden Hände und ahmt die Gebärden nach. Schon nach kurzer Zeit gebärdet es Mama, Papa, die Schwestern und auch seinen Namen kann es buchstabieren: TINA. Tina, Mamis Schmetterling – die Reihenfolge der entsprechenden Gebärden bleibt, wie es aussieht, für alle Zeit gekoppelt.

Einmal gehe ich mit Tina in die Bäckerei, kaufe zwei Teilchen für den Kaffeetisch. Aber erst will ich nach dem Einkauf mit ihr noch einen Spaziergang machen. Die beiden Kuchenstücke habe ich in einer Tüte in einem Einkaufsbeutel. Nach ungefähr zweihundert Metern bleibt Tina stehen. Sie sieht zu mir hoch und gebärdet einen kompletten Satz. Ich möchte bitte den Kuchen essen! – Klar doch! Ich bin furchtbar gerührt. Tina bekommt beide Stücke. Auf die Faust. „Ich kauf dir die ganze Bäckerei, wenn du nur mit mir sprichst!" Wir strahlen beide. Tina ob ihres Erfolges und ich, weil Tina sich etwas ausdrücklich gewünscht hat.

Tina hat die vierte Klasse abgeschlossen, hat Lehrerwechsel und Schluss ist mit Gebärden. Die vorherige Lehrerin hatte zwar in Grundgebärden einen Kurs für ihre Kolleginnen anberaumt, doch niemand kam. Die Käseglocke schwebt über meinem Anderen Kind wieder herunter. Es sitzt wie weiland auf einer Matte und dreht einen Strick durch die Hände. Immer und immer wieder. Als ich es sehe, bricht es mir das Herz und ich blase zum Kampf. Meine Attacke geht, zunächst noch moderat, Richtung Schulleitung. Mehr als die Hälfte der GB-Schüler hat keine Sprache. Warum wird nicht gebärdet? Was läge näher, als dass alle dieselben Gebärden machen? Ich werde schnell abgefertigt: Da könne ja jeder kommen und für die spezielle Behinderung seines Anderen Kindes eine für alle verbindliche Förderung verlangen. So gehe es aber nicht. Tja – da stehe ich nun und fühle mich so ganz und gar im Recht mit meinem Anliegen, weil Kommunikation doch ein menschliches Grundbedürfnis ist. Die Lehrerinnen in der neuen Klasse sind sicherlich bemüht, machen auch die ein oder andere Gebärde – aber das Andere Kind ist es anders gewöhnt und sieht nicht mehr hin. Wieder ist etwas vorbei. Ich suche nach einer Alternative.

Nachbarschaft

Es ist Samstagmorgen, kurz nach halb sieben. Hat es da wirklich gerade an der Haustür geläutet? Kann nicht sein. Da läutet es gleich noch einmal. Ich rappel mich langsam auf, werfe mir den Bademantel über und tapere die Treppe des oberen Geschosses hinunter, wundere mich, aber nur kurz und am Rande, dass die Türe eines der Kinderzimmer einen Spalt breit offen steht, tapere das nächste Stockwerk hinunter, stehe an der Haustür und öffne. Die Augen fallen mir aus dem Kopf. Ein kleiner, älterer, schweigsamer Mann mit grauem Haarkranz aus der Nachbarschaft, der sonst immer seinen kleinen Dakkel an der Leine hält, hält das Andere Kind an der Hand, sagt: „Ist bisschen kalt für sie. Da dachte ich, ich bring sie besser wieder nach Hause."

Mein Kind ist völlig nackt und strahlt. Es ist Februar und nicht nur ein bisschen kalt. Ich glotze den Mann an und sage immerhin „Danke". Dann schiebe ich das eiskalte unbekleidete Kind, das seinen Erfolg gackernd genießt, die Treppe hoch, lasse Wasser in die Badewanne und stopfe es hinein. Dabei sage ich noch mindestens zehn Mal: „Das darf doch nicht wahr sein."

Als im Sommer ein anderer Nachbar, diesmal an einem wunderschönen Sonntag, klingelt, wieder die Kinderzimmertür aufsteht, weiß ich wenigstens Bescheid und starre nicht ganz so dämlich aus der Wäsche, als mir der nette Nachbar mein wiederum splitterfasernacktes Kind in die

Hand drückt. „War im Affenzahn schon fast bis zur Hauptstraße. Da bin ich mal hinterher."

Glück gehabt. Glück, dass es seit kurzem sonntags Brötchen gibt, weil die Bäckereien geöffnet haben und der Nachbar sonst gar nicht einkaufen gegangen wäre. Glück, dass er gerade in dem Moment aufbrach, als das Andere Kind die Straße entlang flitzte, allein, freudig, ohne alles. Tinas Ausflug bildete den Auftakt zu einer mehr als nachbarschaftlichen Familienfreundschaft, die von Dauer ist: Gemeinsame Treffen, Wanderungen, Jogging, Walking, Kaffeetrinken, Feste, Urlaube. Und bei allem, von sportlichen Aktivitäten abgesehen, ist das Andere Kind dabei. Es war nie ein Problem für sie oder für ihre Kinder. Im Gegenteil. Ich hätte von den Ferien nicht halb soviel gehabt ohne diese Freunde, die immer mit ein Auge auf das Andere Kind hatten, mit ihm ins Wasser gingen, aufpassten, dass es nicht noch mehr Unsinn anstellte (siehe die Geschichte mit dem Walross oder der Badekappe) und es unverdrossen von anderer Leute Handtuch pflückte. Es gibt keine Familie, die unsere Lebenssituation besser kennt.

Das Andere Kind macht gerne Krach. Flaschen in meinem Hause sind längst aus Plastik. Auch, als es noch Recycling nur für Glasflaschen gab. Öko hin oder her – ich hatte keinen Bock mehr auf Glassplitter. Also warf das Andere Kind mit Porzellan und Gläsern. Bei Hema in den benachbarten Niederlanden habe ich alle paar Monate den gesamten Vorrat an Gläsern einer Sorte und an Tellern gekauft – und dann reichte es wieder eine Weile. Später gab es nur noch Plastik und morgens und abends Holzbretter. Aber schön laut ist es auch, wenn man Stühle oder andere Gegenstände, Spielzeug oder Kleinmöbel die Treppe hinunterwirft oder sie gleich aus dem Fenster schmeißt. So eine große Kiste mit Lego drin ist auch noch drei Häuserblocks weiter gut zu hören, wenn sie aufs Pflaster knallt. Deshalb gibt es auch in einem Fall Nachbarn, die nicht mehr mit mir und meiner Familie sprechen. Sehr praktisch finde ich das. Denn wer nicht mit einem spricht, beschwert sich auch nicht.

Längst haben die Fenster Schlösser, lärmendes Spielzeug ist im Keller verpackt, nur noch hin und wieder fliegt ein Stuhl oder eine Schüssel durch die Gegend. Und bis auf die Schweiger von nebenan haben wir die allerbesten Nachbarn.

Die Stadt schrie auf und ächzte selbstzerstörerisch unter der Tatsache, dass sich ein Mann beschwerte, weil gleich neben ihm eine Wohngruppe mit Schwerbehinderten, unter ihnen Spastiker, eingezogen war. Er bat darum, dass man wenigstens in der Mittagszeit die Bewohner in die Wohnung schaffen solle, weil er gerne zumindest am Wochenende einmal ungestört im Garten liegen wolle. Unzählige Leserbriefschreiber haben den Mann verdammt, für die Behinderten Partei ergriffen, sind für Toleranz eingetreten.

Liebe Leserbriefschreiber. Besucht einmal eine Gruppe Schwerstbehinderter, die schrill lautieren, weil sie nicht anders können. Es sind keine Schreie, wie sie zuweilen von Kindern ausgestoßen werden. Dann stellen Sie sich vor, eine Gruppe von ihnen hat Ihr Nachbarhaus erworben. Nach einigen Monaten unterhalten wir uns dann noch einmal über Ihren Leserbrief ...

Man muss verstehen, dass nachbarschaftliche Toleranz in Anbetracht der oft sehr engen Wohnverhältnisse überreizt werden kann. Es ist nicht unbedingt Intoleranz oder eine Vorverurteilung. Und es ist auch nichts dagegen einzuwenden, wenn auch Andere Menschen Rücksicht nehmen müssen – bzw. diejenigen, die für sie verantwortlich sind. Bestimmt würden die Anderen Kinder und Erwachsenen das ganz und gar einsehen, *wollten* sicher gar keine Sonderrolle einnehmen. Ich komme zu dem Schluss, dass man sich am besten selbst ein Bild davon macht, eben auch von einer Gruppe besonderer Menschen. Dann versteht man ihr Verhalten und vielleicht auch dasjenige des Nachbarn. Vielleicht hätten die Leserbriefschreiber Lust, sonntagmittags eine Rollstuhlralley zu unternehmen, damit der gestresste Nachbar einmal ungestört seinen Garten genießen kann ...

Auch auf dem Campingplatz oder in Ferienwohnungen hat man Nachbarn. Eine Ferienunterkunft zu mieten habe ich jedoch nicht nur deswegen gecancelt. Zu viel Deko, zu wenig Plastik, Bilder unter Glas an den Wänden. Vorbei.

Urlaub auf dem Campingplatz war noch eine Zeitlang möglich. Aber weil das Andere Kind in aller Herrgottsfrühe aufsteht, krakeelt, die Türe vom Wohnwagen auf- und zuknallt und sich Richtung Spielplatz aufmacht, gestehen meine Familie und ich uns ein, dass es nicht länger geht. Es gibt keine Entspannung, nur Schadensbegrenzung. Die beiden anderen Töchter haben unter den gestressten Eltern zu leiden. Wir geben auf und es gibt nur noch Ferien von maximal elf Tagen inklusive An- und Abreise, weil die Ferienmaßnahmen für Andere Kinder immer nur dreizehn Tage dauern, weil es so viele von ihnen gibt und alle Eltern einmal Urlaub benötigen. Dringend – genau wie ich. Man lernt, den Hebel sofort auf Ferien umzulegen und dann reichen auch elf Tage Sommerpause, die beiden Bring- und Abholtage für das Andere Kind bereits abgerechnet. Wie weiter oben schon erwähnt, ist es ein Segen, dass es diese Ferienmaßnahmen mit dem hohen Betreuungsspiegel gibt.

Sollten Sie einmal dringend eine Spende loswerden wollen, so ist sie in den Einrichtungen für Ferienmaßnahmen schwerst Mehrfachbehinderter am goldrichtigen Platz. Diese Häuser brauchen nämlich Treppenlifte und andere Sonderbaumaßnahmen, wofür häufig das Geld fehlt. Und ein Zubrot für die Betreuer wäre auch nicht verkehrt. Die betroffenen Eltern könnten das, was solche Maßnahmen und deren Betreuer bieten, gar nicht angemessen bezahlen, weil der realistische Preis bei weitem noch höher wäre als man ohnehin bezahlen muss. Das einem zustehende Pflegegeld, die sogenannte Verhinderungspflege, ist bei einer einzigen Ferienmaßnahme bereits aufgebraucht. Und elf Tage Urlaub im Jahr ist gerade für Familien mit einem Anderen Kind zu wenig. Viel zu wenig!

Therapie vor und zurück

Da – hat es nicht gerade „Mama" gesagt? Plötzlich sieht es seinen Vater und sagt „Papa". Fantastisch! Das Andere Kind ist fast drei Jahre alt und endlich beginnt es zu sprechen. Natürlich gehe ich mit ihm zur Logopädin, einer unglaublich netten Frau aus der anthroposophischen Szene, die schon aus dem Vorraum ein wunderbares Spielzimmer gemacht hat, so dass auch mein jüngstes Kind gerne und fantasievoll dort baut und spielt. Auch die Bilderbücher und vielfältige Literatur für die wartenden Mütter tragen zu einer Atmosphäre bei, die einem wie eine spezielle Wellness-Oase vorkommt.

Lange verschanze ich mich hinter den beiden Wörtern, aber es kommen nur noch Silben, selten noch einmal Papa. Das Andere Kind stellt das Sprechen ein. Es lautiert nur noch. Im Auto brummt es wie ein zweiter Motor. Es ist so hart und so traurig. Aber ich kann es nicht erzwingen. Irgendwann geben die Logopäden auf. Ergotherapie, Spieltherapie und Motopädie laufen weiter – aber das Andere Kind spricht trotz aller Anregungen und Stimulanz kein einziges Wort. Kein einziges? Einmal sagt es „Hand" und drei Jahre später „Wasser". Beides deutlich. Aber jedes Wort nur ein einziges Mal. Erst die Gebärdenlehrerin (siehe S. 87 ff.) bringt neue Hoffnung.

Die erste Therapie beginnt gleich nach der Entlassung aus der Frühchenintensivmedizin. Es wird geturnt. Wahlweise nach Bobath oder Woyta – das eine geht eher sanft vor sich, das andere ist ein Reiz-Reaktionsverfahren (siehe S. 10, Rippenbogendrücken). Dazu kommt Spieltherapie: Greifen, Blickkontakt, Objektpermanenz, was bedeutet, dass das Kind einen Gegenstand visuell verfolgt. Auch werden akustische Signale geboten.

Mit drei Monaten geht's zum Säuglingsschwimmen, damit das hypotone Baby lernt, seinen winzigen Kopf über Wasser zu halten, die schlappen Beinchen und Ärmchen zu bewegen. Das macht uns Spaß – mir und dem Anderen Kindchen. Das Wasser ist extra warm. Badewannenwasser.

Mit drei Jahren kommt das Airtramp hinzu: Ein kompletter Raum mit Hüpfburgboden. Cool! Inzwischen ist Kind Nummer drei dabei und muss natürlich überall mit hingenommen werden. Und weil ich nicht auf zwei kleine Kinder achtgeben kann, muss die Älteste auch mit. Trotzdem rutscht mein Jüngstes eines Tages zwischen Wand und Airtramp in den Untergrund und ist weg. Mir bleibt das Herz stehen, bis die Therapeutin, die mit beiden Armen in der „Unterwelt" herumgräbt und sich dabei beide Arme an der Wand verkratzt, Kind drei am Schlafittchen wieder hervorzieht. Es brüllt wie am Spieß, ist aber gänzlich unverletzt.

So verbringe ich die Nachmittage in den Einrichtungen der Lebenshilfe. Ganz nebenbei lerne ich viele neue Leute kennen. Alles Leute mit Anderen Kindern.

Als das Andere Kind fünf ist, wird Thomatis-Therapie empfohlen. Eine akustische Maßnahme mit Kopfhörern, die die Hörfrequenz erweitern soll. Bei Opernsängern ist nämlich festgestellt worden, dass sich ihr Tonumfang abhängig von einer Einschränkung ihrer Hörfrequenz verringert. Diese Erkenntnis wird auf Hörbeeinträchtigung allgemein übertragen und entsprechend behandelt. Dreimal wöchentlich jeweils zwei Stunden lang. Pro Stunde dreißig Mark. Kein Zuschuss von Seiten der Krankenkasse, weil der Nutzen dieser Therapie nicht wissenschaftlich belegt ist. Dazu eine

Stunde für An- und Abreise. Im Wartezimmer korrigiere ich Klassenarbeiten und spiele nebenher mit Kind drei. Schwimmen und Ergotherapie laufen weiter. Ich bin ständig auf Achse mit Arbeit, Proviant und mindestens zwei Kindern im Gepäck. Das hat den Vorteil, dass ich nach einiger Zeit mühelos drei Dinge gleichzeitig erledigen kann, Unwichtiges völlig ausklammere und abends so fertig bin, dass ich mich über nichts mehr aufrege: zu anstrengend!

Alle Therapien haben Folgendes gebracht: Erstens war meine Jüngste schon sehr früh topfit, meine Älteste bereits mit neuneinhalb Jahren die perfekte Kinderpflegerin, ich selbst hätte beruflich zur Rundumtherapeutin mit langjähriger Berufserfahrung umsatteln können. Zweitens hatte ich ein ruhiges Gewissen, weil ich und mein Mann keine, wirklich keine einzige Therapie, die im Angebot war, ausgelassen haben. Auch die Umsätze der Tankstellen wurden durch uns nicht unwesentlich gesteigert.

Müttererhöhung

Was halten Sie von der folgenden Geschichte, die gerne als Kopie im Elternkreis der Lebenshilfe ausgeteilt und diskutiert wird? Es ist eine Geschichte über Gott, der sich „die Werkzeuge der Arterhaltung mit größter Sorgfalt und Überlegung aussucht". Er gibt Hinz und Kunz, genau genommen muss es Hinzette und Kunzeuse heißen, gesunde Kinder. „Schließlich nennt er einem Engel deinen Namen und sagt lächelnd: ‚Der gebe ich ein behindertes Kind'."

So ist das also gedacht. Ich bin auserwählt, denn: „Kann ich einem behinderten Kind eine Mutter geben, die das Lachen nicht kennt?" Auf die bohrenden Nachfragen des Engels rückt Gott mit einer Erklärung raus: „Ich werde ihr erlauben, alles deutlich zu erkennen, was auch ich erkenne – Unwissenheit, Grausamkeit, Vorurteile – und ich werde ihr erlauben, sich darüber zu erheben. Sie wird niemals allein sein. Ich werde bei ihr sein, jeden Tag ihres Lebens, jede Minute, weil sie ihre Arbeit ebenso sicher tut, als sei sie hier neben mir."[32]

Erhebend, nicht wahr? Ich gehöre also zu den Auserwählten. Mutter wird erhöht, sie ist etwas Besonderes, erträgt sie doch, was für nicht Betroffene unvorstellbar ist. Erträgt sie es wirklich? – Ich liebe das Andere Kind, so viel ist klar. Für nichts auf der Welt gäbe ich es her. Aber ich erhebe mich nicht nur über „Unwissenheit, Grausamkeit, Vorurteile". Ich bin oft ganz schön zynisch; habe gelegentlich richtigen Spaß, andere durch flapsige Kommentare zu ihren momentanen Problemen zu brüskieren, weil diese Sorgen für mich nicht zählen; finde ungeheuer vieles nichtig, lächerlich, naiv und dämlich.

Bin ich neidisch auf die, die kein Anderes Kind bekommen mussten?

Nein.

Warum eigentlich nicht?

Weil für mich alle Unbill des Lebens auf einen Punkt konzentriert ist und ich alles andere unwichtig, nicht so tragisch, schön, toll und spannend finde. Nicht von Anfang an. Aber seit langem schon. Das hört sich verrückt an, ist aber so: Ich fühle mich megastark (meistens!) und das Leben ist schön. Aber Erhöhung, weil Gott ausgerechnet mich ausgesucht hat? – Nee. Da wäre mir lieber gewesen, er hätte mich übersehen. Gibt genug andere Frohnaturen ...

Und es gibt viele Mütter, die es nicht schaffen. Die verbittert werden, still, krank. Deren Andere Kinder unendlich schwer betroffen sind, so schwer, dass sie einer Mutter die Luft zum Atmen nehmen. Es gibt Mütter, die kaum Geld haben, denen der Partner abhanden kommt, die wenig Schlaf abbekommen – und das über Jahrzehnte, die nicht mehr können, deren Anderes Kind dahinsiecht, keinen Tag- und Nachtrhythmus hat, was für viele Andere zutrifft. Deren Anderes Kind stirbt und eine verzweifelte Mutter im Nichts zurücklässt. Da hätte Gott sich mit der Auswahl gründlich vertan ...

Klingt bitter? – Ist es auch. Manch eine Mutter gibt ihr Anderes Kind vor der Zeit in ein Heim, die eine, weil sie die Verantwortung ganz einfach nicht haben will. Die andere mit schlechtem Gewissen, weil sie es nicht alleine schafft. Manch eine, weil der neue Freund auf gar keinen Fall ein Anderes Kind in seiner Nähe wünscht. Da greift keine noch so raffinierte literarische Erhöhung: Es gibt Mütter, die wollen ihr Anderes Kind nicht. Basta!

Habe ich mich gefragt „Warum gerade ich?".

Nein. Habe ich nicht. Weil von Anfang an klar war, dass es ein Zufall ist. Ein Zufall der Natur, ein Irrtum, etwas, das einfach so passiert. Und was spricht eigentlich dagegen, dass es nicht mir passiert?

Gar nichts!

Die Rettung

In meiner Stadt ist eine Schule für Hörgeschädigte, in der in einer Klasse auf integrative Weise Kinder mit Schwerhörigkeit, also einer reinen Sinnesbeeinträchtigung oder -schädigung, und welche mit weiteren Behinderungen, wie einer Wahrnehmungsstörung, zusammen unterrichtet werden. Mein Anderes Kind darf ruhig kommen, denn es gilt als wahrnehmungsgestört. Es sei durchaus noch ein Platz frei und man werde sehen, ob es hier nicht besser aufgehoben sei als in der GB-Schule, wo es nach dem Stufenwechsel ohne seine vormalige Gebärdenlehrerin nur noch auf dem Boden sitzt.

Mein Mann, Tina und ich nehmen voller Erwartungen auf den kleinen Schülerstühlen Platz. Die Kinder der Klasse sehen uns neugierig an. Die Lehrerin gebärdet, dass die Hausaufgaben angeschrieben werden sollen. Das erste Kind geht an die Tafel. Es hat seinen Satz kaum zu Ende geschrieben, als mein Kind aufspringt, den Tafellappen nimmt und alles wieder auswischt. Das macht es dreimal hintereinander und jedem ist nach fünf Minuten klar, dass Tina hier falsch ist. Wieder ein vergeblicher Versuch. Aber der nette Schulleiter spricht den entscheidenden Satz: „Es gibt eine Schule für Ihr Kind."

Tatsächlich? Ich bin neugierig und erfahre, dass es in Euskirchen ein Internat für kommunikationsgestörte Kinder gibt. Aber das Andere Kind ist erst elf Jahre alt und ich winke ab. Nein, ich bin keine Rabenmutter. Niemals werde ich meine Kleine jetzt schon weggeben. Kommt gar nicht in Frage.

Immerhin rufen wir wenigstens in Euskirchen an. Man kann sich das Internat ja mal ansehen – für später vielleicht. Wenn Tina fünfzehn oder sechzehn ist.

Nach zwei Wochen fahren wir mit dem Anderen Kind im Gepäck dorthin. Und wie vor vierzehn Tagen nach wenigen Minuten klar war, dass es dort falsch war, ist es jetzt nach zwei Minuten klar: Hier ist es richtig! (Hier müssten jetzt hundert Ausrufezeichen folgen). Eine unglaublich nette Sekretärin empfängt uns, eine mindestens so nette Lehrerin erscheint und bestellt schon zehn Minuten später eine weitere Lehrerin und drei Sozialpädagogen mit viel Zeit und noch mehr Interesse an meiner Tochter aus einem der Wohnhäuser zu uns. Alle untermalen ihre Sätze mit Gebärden, können gar nicht mehr anders, wie sie mir bei meiner späteren Nachfrage versichern, „sprechen" selbstverständlich mit meinem Anderen Kind, das sofort hinschaut und so tut, als gehe es hier schon lange ein und aus. Da stehe ich nun und muss mich zwischen Rabenmuttergefühlen und dem, was für meine Tina das Beste ist (ich weiß sofort, dass es HIER am besten für sie ist), entscheiden. Wir zögern nicht lange. Diesem ziehenden Schmerz in meinem Körper halte ich entgegen, dass sich Tina hier wohlfühlen wird, dass sie nicht mehr in der GB-Schule auf einer Matte sitzend den ollen Strick durch die Hände zieht, immer und immer wieder. Dass sie jeden Freitag bis zum Montagmorgen bei mir ist und natürlich in allen Ferien und an sämtlichen Brückentagen. Meine Tränen vergieße ich heimlich, aber ich melde sie dort an. Es geht innerhalb weniger Wochen – trotz umständlicher Bürokratie. Schließlich darf man sein Kind nicht einfach an einer anderen Schule anmelden. Auch nicht, wenn es ein Anderes Kind ist. Wir sind schließlich in Deutschland. Die Einzelheiten erspare ich Ihnen an dieser Stelle.

Jeder, wirklich jeder sagt, dass das doch eine tolle Entscheidung sei und dass ich jetzt endlich wieder mehr Zeit habe und dass meine Familie langsam mal ein normales Leben hätte – wenigstens unter der Woche. Und ich? – Heule immer noch. Und höre unter der Woche in der Nacht mein Anderes Kind, wie es sich bewegt, wie es lautiert. Obwohl am Montagmorgen ein freundlicher Taxifahrer Tina und eine große Reisetasche abgeholt hat. Bin ich jetzt bekloppt geworden? – Irgendwie schon. Es hört aber irgendwann wieder auf und ich höre das Andere Kind nur noch am Wochenende, wenn es wirklich da ist.

Warum weiß man so wenig über die zahlreichen Hilfsangebote für Andere Kinder? Warum hat mir elf Jahre lang niemand von dieser fantastischen Schule erzählt? Einer Schule, in der mein Anderes Kind richtigen Unterricht hat, zu dem es sehr gerne geht, bei dem es in den Unterrichtsstunden für seine Verhältnisse ziemlich lange auf einem Stuhl sitzt und Gebärden lernt, seinen Namen und die der Mitschüler buchstabiert, einen ordentlichen Teil seines Autismus an der Garderobe abgibt, malt, werkelt, mit den Mitschülern wie selbstverständlich in die Pause geht, natürlich auch weiterhin Unsinn treibt wie Material-vom-Tisch-werfen oder Mit-Tellern-schmeißen. Aber nur manchmal. Außerdem lernt es in der Werkstufe Holzleisten anzustreichen. Macht es gerne. Ich glaube kaum, was der Werkstattlehrer berichtet. Es schmeißt noch nicht einmal den Farbeimer um, schlägt sogar begeistert Nägel in ein Brett. Spricht er wirklich von meinem Kind? Oder liegt vielleicht eine Verwechslung vor?

Das Internat besteht neben dem Schulgebäude aus vielen kleinen „Ferienhäuschen" inmitten einer riesigen Grünanlage mit Schaukeln, Turngeräten, Trampolins und vielen netten gebärdenden Pädagogen, die jede Menge Zeit für mein Anderes Kind haben. Alles erinnert an eine Art Center-Park – nur eben mit reichlich Personal und vielen kleinen und großen mehr oder weniger schrägen Urlaubern.

Tina hat dort eine sehr, sehr schöne Schulzeit mit vielen Unternehmungen wie Besuchen im Eiscafé oder im Schwimmbad, dem Herumtollen auf Spielplätzen oder dem Reiten (siehe nächstes Kapitel). Die Dramen, die ich von Zuhause kenne, halten sich hier sehr in Grenzen. Weil das Andere Kind auf einem fortgeschrittenen Level diese Einrichtung betreten hat. Kleinkind ist es nur zu Hause. Fazit: Jeder Ort ist mit einem bestimmten Verhalten verbunden, das man nicht durchbrechen kann, um es an einem anderen Ort abzurufen. Zu Hause ist das Andere Kind Kleinkind. Für alle Zeit. Und im Internat ein viel selbständigeres Kind.

Erst mit neunzehn Jahren verlässt Tina „Haus acht", um in das nahe gelegene gebärdensprachliche Wohnheim zu ziehen. Bald wird sie auch nicht mehr zur Schule gehen, sondern mit den anderen Bewohnern in einer Werkstatt für Recycling arbeiten.

Das Andere Kind ist erwachsen geworden.

Willy

Gäbe es Willy nicht, dann müsste man ihn erfinden. Er gehört Rosi, die mit Leib und Seele Reittherapeutin ist und in Willy die gutherzige und geduldige Seite entdeckt und gefördert hat, sodass Andere Kinder ihn reiten, putzen und küssen dürfen, ohne dass er nach Art der Pferde zurückküsst. Hat er noch nie getan, obwohl Tina ihn schon mal getreten hat. Aber das ist eine Ausnahme gewesen, denn sie liebt das warme dicke Pferd mit dem schwarzweißen Schmusefell, das in seiner Zeichnung an eine Kuh erinnert. Sie drückt sich mit ihrem ganzen Körper an seinen runden kapitalen Bauch, gräbt ihr Gesicht in die dichten Pferdehaare und schnuppert an seinem Fell. Dann steht sie reglos auf der Stelle an ihn gelehnt und spürt seine Wärme. Auch holt sie von ganz alleine das Putzzeug und legt Hand an, schwingt die Kardätsche und greift sogar nach seinem großen Huf, um ihn mit dem Kratzer zu säubern. Die kleine Hand und der riesige runde Huf. Gleich daneben ihr Kopf. Er hält still. Es ist noch nie etwas passiert.

Willys Menschenbezogenheit ist für das Andere Kind wie gemacht. Mit Mairi, einer 15jährigen Stute von 1,62 Meter Stockmaß, lebt der 1,40 Meter hohe Willy auf einer Weide mit einem offenen Stall und erweckt den Eindruck, als warte er geradezu auf Tina, die bei ihm ihre Kommunikations- und Beziehungsprobleme zu vergessen scheint. Mehr als die Menschen nimmt sie ihn wahr, sitzt entspannt auf seinem breiten Rücken, jauchzt und würde freiwillig nicht wieder absteigen. Gebärdet Rosi sogar manchmal, hinter ihr Platz zu nehmen.

Rosi lässt Willy an der Longe gehen, zwischendurch auch im Trab, manchmal reiten sie wie gesagt zu zweit und das Andere Kind genießt die Bewegung, reitet ohne Sattel nur auf einer Pferdedecke. Tinas chaotische Ader verschwindet dann und sie ist in der Zeit mit Willy ganz bei der Sache, Autismus wird gegen Sozialverhalten ausgetauscht, die Körperhaltung ist vorbildlich. Längst kann das Andere Kind im Galopp reiten. Je nach Laune am liebsten stundenlang. Dann strahlt und jauchzt es, dass man als Zuschauer automatisch mitstrahlen und -frohlocken muss. Doch Rosi hat Angst um ihren dicken Willy und das Andere Kind muss sich mit Trab und Schritt begnügen.

Obwohl die Reittherapie nur in den seltensten Fällen, will heißen bei nachweislich sozialer Schieflage, bezuschusst wird, ist sie jeden Cent wert. Auch die Nichtanderen Kinder haben Hobbys, die manchmal ganz schön kostspielig sind. Zum Beispiel wird das Andere Kind niemals einen Führerschein machen, ein Schuljahr im Ausland verbringen oder Querflöte-Spielen lernen. Da ist das Geld bei Willys Lehrmeisterin bestens angelegt. Und ich bin glücklich, dass mein Anderes Kind ein Faible entwickelt hat: Für Willy und fürs Reiten. Da darf es auch schon mal ein anderer Weg als sonst sein, wenn Willy immer derselbe bleibt und auf seiner Koppel steht. Das Andere Kind akzeptiert ansonsten keine fremden Wege, nichts darf von seinem Platz verrückt werden, alles muss wie immer sein, damit es nicht verzweifelt toben muss. Hoffentlich hat Willy ein langes Pferdeleben …

Grenzwertig

Mit der „gestützten Kommunikation", dem deutschen Begriff für „Facilitated Communication" – kurz: FC genannt – verhält es sich so: Ein sogenannter Stützer erleichtert dem Schreiber, der autistisch ist, das Zeigen auf Buchstaben oder Bilder, indem er seine Hand berührt, später den Arm, noch später die Schulter mit dem Ziel, die Unterstützung weiter zu minimieren, im Idealfall ganz zurückzunehmen. Durch den Gegendruck auf seinen „Schreibarm" ist der kommunikationsgestörte Mensch in der Lage, seinem Zeigefinger die richtige Richtung zu geben, um auf den beabsichtigten Buchstaben, das avisierte Symbol oder ein Piktogramm zu zeigen. Es handelt sich um eine Hilfestellung ähnlich wie bei der Krankengymnastik.

Mit meinem Anderen Kind habe ich dergleichen nie in Verbindung gebracht, bis ... – ja bis mir eine Frau erzählt hat, dass ihr autistischer Sohn seit kurzem Wörter und ganze Sätze buchstabiert. Ich blicke ungläubig drein, schüttele den Kopf, nehme brav ein neuerliches Studium in Angriff, indem ich haufenweise Material und Fachbücher sichte. Ich beginne, Informationen über das Phänomen FC zu sammeln und lande unweigerlich bei den Geschichten des 1973 in Berlin geborenen Autisten Birger Sellin, der mit Hilfe seiner ihn stützenden Mutter seine neuromotorischen Widerstände überwinden konnte und ganze Bücher schrieb. In einem faszinierenden, ungewöhnlichen Stil beschreibt er seine eingesperrte Seele, sein Leid, nicht mehr ein „Inmich" sein zu wollen.[33] Ergreifend und mitreißend schildert der junge Mann, dass er selbstverständlich lesen kann und absolut kein Idiot ist, aber in seinem Körper gefangen. In wahnsinniger Anstrengung und mit selbstverletzenden Schlägen an den Kopf schlägt er mit Hilfe der gestützten Kommunikation seinem Schicksal ein Schnippchen, „schreit" sein Elend Buchstabe für Buchstabe heraus und seine Mutter reiht die Buchstaben aneinander.

Nein, ich verbinde nichts dergleichen mit meinem Kind. Warum eigentlich nicht? Die Mutter des Jungen, der sich durch FC mitteilen gelernt hat, ist so nett und macht für mein Anderes Kind einen Termin mit einer versierten Stützerin aus einer anderen Stadt. Schließlich will ich nichts unversucht lassen.

Die Frau kommt ins Haus und packt eine Buchstabentabelle aus. Sie nimmt neben meinem Kind auf dem Teppich Platz – es sitzt zu Hause außer bei den Mahlzeiten ausschließlich auf dem Teppich, es sei denn, im Fernsehen läuft Skispringen oder eine Zirkusnummer mit Artisten. Hauptsache, die Leute fliegen durch die Luft. Doch zurück zum Experiment. Die Frau spricht mit Tina, nimmt ihren Unterarm und fordert das Kind auf, zu zeigen. Und es zeigt. Buchstabe für Buchstabe. Ich renne nach einem Blatt Papier und einem Stift und schreibe sofort mit. Das Andere Kind gebärdet sich wie wild, wirft die Buchstabentafel umher, holt sie wieder und reicht seinen Arm der Stützerin. Es kann nicht sein, denke ich, aber die Buchstaben werden zu Wörtern. Papa, Mama, die Schwestern werden durchbuchstabiert. Sogar ein Satz, der mit „ich will" beginnt. Die Frau schwört Stein und Bein, dass sie nur gegenhält, die Hand aber nicht führt. Wir bekommen einen Mordsschreck. Haben wir doch über Jahre unser Kind verkannt, es für extrem beeinträchtigt gehalten. Selbstvorwürfe und Verzweiflung folgen. Warum haben wir das nicht viel, viel eher gemerkt, dass unser Kind kommunizieren kann? Viel mehr als nur ein paar Gebärden aus dem Alltäglichen wie essen, trinken, an- und auskleiden und so weiter. Dieses Gefühl, dem Anderen Kind so Unrecht getan zu haben, ist furchtbar quälend. Was nun? Wir geben Bücher, denn offenbar kann es lesen. Es blättert im Affenzahn und wirft die Bücher auf den Boden. Hat mein Kind eine Inselbegabung? Andere Beobachtungen, die ich immer schon gemacht habe, fallen stärker ins Gewicht. Wenn ich meinem Kind gebärde, für alle Messer zu decken, greift es scheinbar völlig unbeteiligt in die Schublade und bringt einen Haufen Messer. Ich kann sicher sein, dass es fünf Stück sind. Auch ist auffällig, dass sich mein Kind zum Beispiel unter einem Tisch sitzend niemals den Kopf stoßen würde. Nirgends würde es sich jemals stoßen – denn es verfügt über Antennen. Im Gegensatz zu mir kann es sich auch auf einem unübersichtlichen Campingplatz sogleich orientieren. Es findet mühelos von dem umständlich zu erreichenden Waschhaus zum Wohnwagen zurück. Da konnte ich mich immer drauf verlassen. Also – warum soll es nicht buchstabieren können? Birger Sellin und den anderen, die seinem Beispiel gefolgt sind, galten schließlich auch als hochgradig autistisch ohne Aussicht auf irgendeine Kontaktaufnahme. Und die Stützerin gilt als erfahren. Trotz der Skepsis, die wegen der Ungeheuerlichkeit des Vorgangs bleibt, bin ich durcheinander, kann es nicht fassen. Wir machen Kurse in FC, versuchen selber zu stützen – ohne Erfolg. Das Andere Kind buchstabiert nur Kauderwelsch und wirft mit der Buchstabentafel um sich. Ich will mich mit der Frau besprechen, die mich auf FC aufmerksam gemacht hat. Ihr Sohn schreibt inzwischen gerne und oft. Die Stützerin kommt mindestens einmal die Woche – ansonsten stützt die Frau ihren Sohn zunehmend selber. Was denn der Junge so schreibt, möchte ich wissen. Die Frau holt ein Heft, schlägt es auf, zeigt auf die Sätze. Da steht fast der identische kleine Satz, wie ich ihn nur wenige Tage vorher bei meinem eigenen Kind mitgeschrieben habe. Das Kartenhaus stürzt mit einem Mal zusammen und ich muss feststellen, dass auch das gesündeste Misstrauen nicht wirklich schützt.

Inzwischen sind die Vorbehalte gegen FC allgemein sehr massiv. Ungefähr achtzig Prozent der untersuchten FC-Schreiber einer Studie zeigten keine individuelle Kommunikation, die auf Authentizität deutet. Das heißt, es werden Fragen eingebaut, die nur der Schreiber selber beantworten kann. Nur die übrigen etwa zwanzig Prozent der durch FC Kommunizierenden buchstabieren auch bei ihnen bis dato fremden Stützern, haben einen so eigenwilligen Stil, dass der Verdacht unbegründet ist, sie würden buchstabieren, was der Stützer, sicher nicht in böser Absicht, sondern unbewusst durch sensomotorische Hinweisreize vorgibt. Den Menschen, die endlich ihre eingesperrten Gedanken hinausschicken können, wird eine Tür ins soziale Leben geöffnet, was man gar nicht hoch genug loben kann. Mein Kind gehört nicht zu denen. Es hat mit niemand anderem jemals wieder in der Weise buchstabiert.

Inzwischen hat Tina aber Spaß an Buchstaben. Fordert ihre Ergotherapeutin sie auf, aus einer Menge von drei bis fünf Holzbuchstaben einen bestimmten zu nehmen und als Gebärde nachzubuchstabieren, so kann sie das und zeigt Freude und Ausdauer an dem Spiel, bleibt sage und schreibe eine ganze Stunde auf einem Stuhl vor dem Buchstabenhaufen sitzen. Konzentriert blickt sie auf die Lehrerin, greift gezielt den verlangten Holzbuchstaben und wartet nach dem Nachgebärden gespannt auf die nächste Aufgabe. Ein Wort ist bisher nicht draus geworden. Jedenfalls keines, das Tina unaufgefordert und aus eigenen Stücken zusammengelegt hätte.

Immerhin schreibt sie auf Anforderung ihren Namen, die der Geschwister, Papa und Mama. Auch hat sie mit Hilfe ihrer Ergotherapeutin einen Weihnachtsbrief geschrieben, den wir wie einen Schatz hüten.

Und an den nach dem Duschen beschlagenen Spiegel malt sie jedes Mal für mich einen Smiley, schreibt Mama daneben und wischt das Ganze in der ihr eigenen Hast mit der Hand wieder weg.

In den Schlagzeilen

Das Andere Kind fährt leidenschaftlich gerne Tandem. So wirklich fest in die Pedale tritt es dabei nicht. Nur keine Überanstrengung! Aber es liebt sein Tandem, ein altes aufgemöbeltes Teil mit neuem Lenker und tiefem Sitz für den Hintermann, setzt freiwillig den Fahrradhelm auf und los geht's. Nur zwischendurch anzuhalten ist lästig, es soll immer weitergehen. So ist das eben bei dem Anderen Kind. Am besten geht das an den gerade gezogenen Kanälen in der Euregio, als da wären der Julianakanal, der Albertkanal, die Maas. Aber wehe, ich will durch die Stadt oder in das nahe gelegene Grün, wozu man an Ampeln anhalten muss, es vielleicht sogar nötig ist, zwischendurch abzusteigen und das Rad ein Stück zu schieben. Diese Unterbrechungen hat das Andere Kind nicht im Programm. Es jammert, wirft sich hin, ist unendlich kläglich.

Einmal fahren Vater und Tochter alleine in den Wald. Schon beinahe wieder zu Hause schaut der sich abstrampelnde Vater zum Rücksitz – der Sattel hinter ihm ist leer. Wieso hat er das nicht sofort bemerkt? Wieso, warum – es ist halt passiert. Kann man da einen klaren Kopf behalten? – Nicht gerade einfach. Natürlich dreht er um, sucht, fährt hin und her. Nichts. Mit dem Handy ruft er zu Hause an, um Hilfe zu holen. Die jüngste Tochter rennt los, sucht. Beide treffen sich an einer sehr stark befahrenen Hauptstraße – auch das Andere Kind ist dort. Sitzt unmittelbar am Rand der Fahrbahn, hat Schuhe und Socken ausgezogen und den vorbeifahrenden Autos entgegen oder hinterher geschmissen. Es fehlt eigentlich nur noch jemand, der mit dem Hut herumgeht, um bei den gaffenden Zuschauern das Geld einzusammeln. Ob sie das Andere Kind vors Auto hätten laufen lassen? Ich weiß es nicht – Tina konnte beruhigt werden und kam letzten Endes wohlbehalten zu Hause an. Seitdem wird mindestens zu dritt gefahren. Der letzte sammelt Tina wieder ein, falls sie sich noch einmal überlegt, abzusteigen und den Vordermann alleine weiterfahren zu lassen.

Eines Tages hat unser netter Nachbar von schräg gegenüber den Arm aufgeschürft und verstaucht. Er ist nämlich drei jugendlichen Dieben hinterhergelaufen, die aus dem Carport Tinas Tandem klauten. Zwei von ihnen hauten mit ihm ab, der dritte musste mangels Sitzplatz hinterherlaufen. Und besagter Nachbar rannte und schimpfte, so laut er konnte, und knallte der Länge nach hin. Die Polizei wurde alarmiert, Fakten und Daten angegeben, die Dringlichkeit geschildert, weshalb gerade dieses alte Tandem so furchtbar wichtig war. Klar, dass man gründlich suchen wollte – ging ja um ein Anderes Kind, was genau dieses Fahrrad entsetzlich vermissen würde.

Die zündende Idee kam mir einen Tag später. Ich rief beim Wochenblatt[34] an, und der Chefredakteur war sofort ganz Ohr, als ich ihm die Geschichte um Tandem, Diebstahl und das Andere Kind erzählte. Zwei Tage später stand der Tathergang inklusive der Besonderheit des Falls an zentraler Stelle im Blättchen. Ein Bild des Tandems war auch dabei. Was sich nun abspielte, war ganz einfach nur rührend. Etliche Leute schrieben uns über die Redaktion an: Eine Familie bot uns ihr altes Tandem an, das ungenutzt bei ihr im Keller stand, ein Mann machte darauf aufmerksam, dass er ein solches Tandem in aufgemöbelter Form in einer Einrichtung für arbeitslose, nicht vermittelbare Jugendliche gesehen habe, die alte Räder fahrtüchtig machen, ein dritter berichtete, er habe sofort bei Ebay nachgesehen, wo ein ähnliches Tandem gerade versteigert würde ect. Man kümmerte sich – soviel war klar.

Einen Tag später rief die Redaktion an: Die Sekretärin einer Rechtsanwaltskanzlei habe sich gemeldet, weil in der Einfahrt ein Tandem stehe, was auf die Beschreibung passe. Die Polizei, die die umsichtige Dame als erstes angerufen habe, sei nicht an der Sache interessiert. Sie könne nicht jedem Fahrraddiebstahl nachgehen, habe der Polizist sie wissen lassen und deshalb habe sie sich an die Redaktion gewendet. Die Polizei war also diesmal nicht Freund und Helfer, dafür aber die Bewohner der Stadt.

Die leckersten belgischen Pralinen im Gepäck, besuchen wir die nette Sekretärin aus der Kanzlei und holen das Fahrrad ab. Es ist etwas lädiert, muss in die Werkstatt, ist danach für fünfzig Euro wieder fit. Wir bedanken uns bei dem Redakteur, der sofort und ganz unbürokratisch geholfen hatte. Und dann kommt's: Mein Anderes Kind schafft, was so viele mal gerne hätten: Es kommt in die Schlagzeile der folgenden Sonntagsausgabe, direkt über dem Bruch mit großem Bild: Tina mit Papa auf dem Tandem. Darunter die ganze Story um das geklaute und wiedergefundene Tandem, über die Rolle der Anwaltskanzlei und die Hilfsangebote der Aachener. An dieser Stelle nochmals ein Dankeschön an die Redaktion, an die besagte aufmerksame Sekretärin, an die engagierten Öcher[35] und ganz besonders an Jürgen, der bei seiner Ein-Mann-Verfolgungsjagd alles gegeben hat. Gut, dass der Arm nicht gebrochen war.

Feste

Es gibt die Wohnheimfeste, Internatsfeste, Schulfeste – und alle sind klasse. – Wie war das beim ersten Mal? So viele Andere auf einen Haufen und deren Eltern und Verwandte habe ich logischerweise noch nie gesehen. Dazu die Lehrer und Erzieher, die vielen netten Zivis, zu denen mein Anderes Kind immer einen ganz besonderen Draht hatte. Die Jungs machten mit ihr Späße, nahmen sie mit in ihre Mittagspause, gingen mit ihr spielen.

Das Internats- und Schulfest in Euskirchen ist eine feste Größe. Entspannt kann ich mit der ganzen Familie dorthin. Wirft mein Anderes Kind mit dem Teller oder einem Glas durch die Gegend, so ist das kein Problem – dort ist reichlich Platz und zum Glück wurde bisher niemand getroffen. Zumal auch die Frisbee-Attacken mit Esstellern inzwischen nur noch die Ausnahme sind. Ich genieße, dass niemand komisch guckt. Denn auf so einem Fest ist alles vertreten, was anders und nicht-anders ist. Manchmal weiß man die Einen von den Anderen nicht zu unterscheiden und letzten Endes kommt es mir vor, dass jeder anders ist. Mal mehr, mal weniger – aber irgendwie anders. Eine angenehme Erfahrung. Da fallen Tinas Eskapaden gar nicht weiter auf.

Eine Band spielt – alle schlagen auf irgendwelchen Instrumenten denselben Ton an. Der Rhythmus stimmt und die Mitglieder des Ensembles geben alles. Dazu wird getanzt. Und immer gibt es reichlich zu essen. Meinen grundsätzlichen Kampf gegen die zu vielen Kalorien für mein Anderes Kind kämpfe ich an so einem Fest nicht. Ich habe inzwischen geschafft, dass meinem Kind im Alltag nur wohl bemessene Portionen gereicht werden, dass es höchstens einmal nachnehmen darf, dass nur wenig Öl in den Salat kommt und die Fischstäbchen von dem einsichtigen Personal im Backofen gegart werden – ganz ohne zusätzliches Fett. Tina ist nach wie vor hübsch und kein Hefekloß. Wie das kommt, dass so viele Andere derart rund sind? – Man sitzt zu viel mit ihnen am Tisch, weil vieles andere eben nicht geht. Ein gewisser Futterneid herrscht gelegentlich am Esstisch, aber die Erzieherinnen und Erzieher sind wirklich bemüht, diesen in Grenzen zu halten. Zumal es hier kein Cateringessen gibt, sondern selbst gekocht wird. Da darf es auf einem Wohnheimfest ruhig was üppiger zugehen. Wie zum Beispiel beim Sommerfest: Kuchenberge, Dinkelfladen mit Sauerrahm, Gegrilltes und die tollsten Salate kommen auf die lange Tafel. Dazu wummern die aufgedrehten Bässe fetziger Musik, die ganz besonders ein Heimbewohner mit kapitaler Statur genießt. Ganz dicht steht er an einem der riesigen Lautsprecher, nimmt trotz Hörbehinderung die Schwingungen der Bässe wahr, wiegt seine Massen hin und her, auf seinem Gesicht ein sanft-schelmisches Lächeln unter halb geschlossenen Lidern. Dabei wirkt er ein bisschen wie weiland Heinz Erhardt. Das Glück hat ihn gefunden und ich sehe ihm stundenlang dabei zu.

Eine Zirkusgruppe schwingt Reifen und Keulen. Das Andere Kind springt von seinem Stuhl und rast zu der Truppe, greift sich ebenfalls zwei Keulen und wirft sie in die Luft, hebt sie wieder auf, versucht, die Bewegungen der Jongleure nachzumachen und freut sich dabei. Ich muss nicht hinterher und das Kind, das eigentlich längst keins mehr ist, einfangen und wegzerren. Es ist hier in Ordnung – jeder darf so sein, wie er ist. Ein angenehmes Gefühl breitet sich in mir aus. Die Jongleure machen trotzdem weiter – mit

Tina in der Mitte, die fröhlich guckt und vielleicht sogar den Beifall auf sich bezieht.

Covergirl

Mit einem Mal sind die Bons für die leckeren Sachen aufgebraucht und ich ziehe los, um noch welche nachzulegen. Schon deshalb, weil es auf diesen Festen so gemütlich ist und auch besonders gut schmeckt. Liegt es daran, dass die Mütter Anderer Kinder meist nicht berufstätig sind, sich Zeit nehmen und so verdammt gut kochen und backen können? Ich finde die Frage ulkig und schlängele mich durch die Menge. Wie zufällig schlendere ich an einem Infostand vorbei. Mein Herz legt einen Extraschlag ein – das kann ja wohl nicht wahr sein! Da liegen zwei dicke Berge dreifach gefalteter, aufeinander getürmter Flyer, die um Spenden zur Unterstützung der Einrichtung für kommunikationsgestörte, mehrfach behinderte Menschen bittet. Das Portraitfoto, das zwei Drittel des Flyers bedeckt, zeigt ein Anderes Kind – MEIN Anderes Kind. Lächelnd, hübsch, hinreißend. Ich lächle den Flyer an. Von einem Ohr zum anderen. Klar, dass ich stolz bin. Weil Tina so strahlt. Und weil die Leute den Flyer zur Hand nehmen und als erstes auf mein Kind blicken, das mit seinen zwanzig Jahren bereits zum dritten Mal das Covergirl ist. Auf Rosis Broschüre zur Reittherapie, auf dem Wochenblatt, als sich in der Frontpage-Story alles um das wieder gefundene Tandem drehte, und nun auf dem Informationsblatt des Landschaftsverbandes zu der besagten Einrichtung, in der gerade ein Mundharmonika spielender Frauenverein mit deutschem Volksliedgut und internationalen Evergreens aufwartet, dass es nur so eine Art hat. Dazu spielt der Kapellmeister die Klampfe.

Sagte da gerade jemand, „ist sicher der passende Rahmen – so ein Wohnheim mit Hörgeschädigten"? Ich muss lachen – und denke, dass hier irgendwie jedes Engagement gut kommt. Die Frauen sind extra gekommen, haben Zeit mitgebracht und spielen so voller Elan – ist doch egal, wenn es nicht ganz den Hörgewohnheiten derjenigen, die hören können, entspricht. Ich bin längst auf einem Level, auf dem ich das alles toll finde, was nach Zusammenleben, zusammen feiern, Nachbarschaft aussieht.

Und mein Kind ist das Covergirl.

Behörden, Ärzte und andere Scheußlichkeiten

Kennen Sie Kafka?

Wenn einer schon so komisch fragt, weiß man gleich, worum es geht: Um lange Flure nämlich, um das Gefühl, nicht am richtigen Ort zur rechten Zeit zu sein, und um Leute, die man freiwillig nicht aufsucht. Das sind dann zum Beispiel Behörden, in denen Sie als Bittsteller auf- und antreten, Zuschüsse zu einer Therapie oder einem therapeutischen Gerät beantragen. Von denen Sie irgendetwas wollen. Jedenfalls kam es mir nicht nur einmal so vor, dass mein offizielles Gegenüber so denkt: Was will die? Manchem Beamten steht das als Fragezeichen auf der Stirn.

Vieles macht man heute vom Schreibtisch aus. Zum Glück. Nicht nur wegen der Zeitersparnis, sondern zum Glück für den Gegner am anderen Ende der E-Mail. Denn der verkörpert die Behörde, die Krankenkasse, das Gesundheitsamt. Und da hat er von Berufs wegen nur allzu häufig gelernt, nein zu sagen. Nein, es gibt keinen Zuschuss zur Reittherapie, zur Thomatistherapie, zu den überdimensionalen Schaumstoffelementen, an denen sich Kinder mit Muskelschwäche üben können. Und die Krankenkasse zahlt auch nicht. Und dann kommt die Latte an Medikamenten, die man unbedingt beim Anderen Kind ausprobieren möchte, weil es zum Beispiel keine Tabletten schluckt. Und weil die personifizierte Behörde, Krankenkasse, Amtsstube so oft nein sagt, bekommen auch Leute, die friedliebend und vielleicht sogar ein bisschen phlegmatisch sind, so wie ich, schon mal einen Wutanfall. Stellvertretend für alle betroffenen Eltern habe ich an alle Behörden böse, laut und aggressiv den Satz gerichtet: Glauben Sie eigentlich, dass ich mich an meinem Kind bereichern will?

Dieses Bittstellerdasein macht mürbe, ist frustrierend, macht böse. Und es löst manchmal ein ungewohntes, blödes Gefühl aus: Entwürdigung. Es ist ganz einfach unwürdig, darum kämpfen zu müssen, dass das Andere Kind als Erwachsener nicht nur Windeln erstattet bekommt, sondern auch Windelhosen, die sich der Betroffene selber rauf- und runterziehen kann. Für Windelhosen werden aber fünfzig Cent Eigenanteil verlangt. Pro Stück. Jetzt können wir das als Eltern noch beisteuern – aber wenn wir nicht mehr sind? Die Mehrzahl der Anderen kommt ziemlich gut mit Windelhosen klar. Aber nicht mit dem Andröseln von Pampers. So entmündigt man unnötig. Aber wer beteiligt sich schon an einer Demo für Windelhosen? „Windeln weg – hat kein Zweck!" Sie hätten da jetzt auch nicht wirklich Lust, mitzumachen? Kann ich gar nicht verstehen ...

Und noch aus einem anderen Grund muss ich mich mit der Krankenkasse anlegen: wegen Tinas Besuchen beim Zahnarzt. Es ist schlichtweg ein Wunder, dass sie überhaupt den Raum betritt. Und wenn sie dann in der Praxis ist, verläuft der Besuch so: Sie rennt in den Behandlungsraum, wirft sich auf den Stuhl, greift nach dem kleinen Spiegel und hält ihn für ungefähr eine Viertelsekunde in ihren Mund, wirft ihn von sich, springt aus dem Stuhl heraus und geht. Alles klar? Zu mehr hat sie bisher niemand überreden können. Sie ahnen es: Eine Vollnarkose muss her, was schlimm genug ist, weil Tina nicht auf Beruhigungsmittel anspricht, sondern dann erst so richtig aufdreht. Wird sie eingefangen und der Gasmann kommt mit der Maske, kämpft sie um ihr Leben. Ich werde nie mehr dabei sein wollen – selbst für mich hartgesottene Mutter ist das zu viel. Okay – es muss sein. Und jetzt der Höhepunkt: Wie mir von einer Wohnheimbetreuerin, die für Tina zuständig ist, mitgeteilt wurde, zahlt die Kasse nicht ohne weiteres die Narkose. Weil eine Vollnarkose für Zahnbehandlung eben nicht üblich ist. Macht zwischen zweihundert und dreihundert Euro. Seit Neuestem geht Tina in die behütete Werkstatt, wo sie als kleine Arbeiterin monatlich sechzig Euro verdient. Da kann sie so eine Narkose ja locker bezahlen ... Und weil das eben nicht der Fall ist und man mit Zynismus auch keine Rechnungen begleichen kann, müssen weiterhin wir Eltern dafür sorgen, das Geld aufzutreiben. Nun müssen also wieder Telefonate geführt, medizinische Gutachten und Anträge eingeholt werden, um doch noch an die finanzielle Unterstützung zu kommen. Man hat ja sonst nichts zu tun.

Trotzdem ist es verständlich, dass nicht alles von der öffentlichen Hand bezahlt werden kann. Nur sieht man das als betroffene Eltern nicht unbedingt ein. Unter anderem deshalb nicht, weil Kettenraucher wegen ihrer angeschlagenen Gesundheit in Heilbädern kuren – und zwar auf Gemeinschaftskasse. Dort stehen sie dann zwischendurch in der Raucherecke gleich in Nähe des Eingangs. Oder wenn Leute, die ungezügelt essen, mit „Sport ist Mord"-Attitüde ihr Gewicht vervielfachen, ihren Kreislauf ärgern, sich durch Alkoholkonsum, Essstörungen und dergleichen ihre Gesundheit ruinieren, ohne Probleme teure Medikamente und Kuren bewilligt bekommen – die Eltern Anderer Kinder aber häufig um Unterstützung kämpfen müssen. Und zwar oft vergebens.

Es gibt aber auch die netten Episoden, die so gar nicht kafkaesk sind. So besuchte uns jedes Vierteljahr der Mann von der Caritas als Kontrollorgan der Versicherung, die die Pflegestufe festlegt und das Pflegegeld bezahlt, um sich einen Eindruck davon zu verschaffen, wie es um das Andere

Kind daheim bestellt ist. Ob es versorgt und gepflegt ist, in welcher Umgebung es lebt. Schon nach wenigen Besuchen wusste der Mann Bescheid und erschien turnusmäßig auch, wenn Tina noch gar nicht von der Schule zurück war. Wir haben dann schon mal gegenseitig das Nötige unterschrieben und er hat gelegentlich erzählt, was er so erlebt. Und das hörte sich nicht immer gut an. So gibt es Familien, bei denen er im Grunde genau weiß, dass der zu Pflegende eigens für seinen angekündigten Besuch zurechtgemacht wird. Kommt kein Besuch, vegetiert der Pflegebedürftige vor sich hin und die Betreuer kassieren nur das Geld. Man weiß es, sagt er, weil der Betroffene so eine ganz spezielle Art von Apathie ausstrahlt, oder weil er zum Beispiel blaue Flecken hat, da man ihn nur selten anders hinlegt. Oder weil er so unterernährt ausschaut. Kam Tina dann hereingeschneit, waren wir im Grunde mit der Ortsbegehung schon fertig und er sagte nur noch Tschüss. Tina winkt dann immerhin.

Betreuer

Was früher Vormundschaft hieß, ist heute im Amtsdeutsch die Betreuung. Vormundschaft ist ein garstig Wort, weil es an vogelfrei, Willkürherrschaft und totale Entmündigung erinnert; weil es an Szenarien mit alten, debilen Leutchen denken lässt, denen man auf diese Weise das Häuschen unterm Hintern wegziehen konnte, nachdem man Oma oder Opa unauffällig in einem netten Ferienhotel für Senioren entsorgt hatte und sie chancenlos waren, der unfreiwilligen Beseitigung im Altersheim zu entkommen.

Doch was ist so anders an der Betreuung? Wie funktioniert sie? – Zuerst einmal läuft die Betreuung nach deutschen Regeln ab, was bedeutet, dass man viel Zeit einplanen muss, seine Erwartungen herunterschrauben und sich entspannen sollte. Erst dann geht es auf zum Amtsgericht.

Schon das Wort deutet daraufhin, dass es verbal und hierarchisch nicht von gleich zu gleich zugeht. Deshalb muss der Rechtspfleger einem auch erst einmal gründlich erklären, nach welchen Paragraphen so eine Betreuung funktioniert. Von wegen, ich kümmere mich halt um die volljährige junge Erwachsene, deren Mutter ich immerhin bin, und unterschreibe, was man als volljähriger Staatsbürger aus der Kategorie Speziell nicht selber unterschreiben kann. Nein, nicht frotzeln: gut zuhören und ab und zu an den Schaltstellen, wenn der Rechtspfleger Luft holt, beifällig nicken. Auch nicht den Beamten schräg angrinsen, wenn er sagt, dass man doch bitte an dem und dem Datum um die und die Uhrzeit mit dem zu Betreuenden anzutreten –

äh – sich einzufinden habe. Das Spiel mitspielen. Also höflich erklären, dass frau – entschuldigen Sie bitte – einen Beruf hat. Sich verkneifen, dass frau es – entschuldigen Sie bitte nochmals – trotz eines Anderen Kindes für sich in Anspruch nimmt, geregelter Arbeit nachzugehen und deshalb nicht am Vormittag in Ihrer Beamtenstube vorbeischauen kann. Und das Andere Kind: Nein, es arbeitet in einer Werkstatt in achtzig Kilometern Entfernung und kann nicht hierher kommen. Nein, es hat auch keinen Zweck, die zu Betreuende beurlauben zu lassen, weil die zu Betreuende nämlich das Amtsgebäude gar nicht erst betreten würde. Nein, da ist nichts zu machen. Sie können aber gerne ans Auto kommen.

Als Nächstes: ärztliche Atteste, Zeugnisse aus der Schule, aktuelles Gutachten einholen und unter der entsprechenden Aktennummer des anstelligen Betreuungsverfahrens einsenden. Dann gehen noch diverse Formulare hin und her, die man – immer locker bleiben – ausfüllt und zur Post trägt.

Reicht das jetzt aus?

Natürlich nicht. Zunächst kommt nämlich die Verfahrenspflegerin zu uns nach Hause. Sie sieht, dass wir in geordneten Verhältnissen leben, die vor Gericht Bestand haben. (Dass am Vormittag unsere umsichtige Haushälterin das Nötigste gerichtet hat, verschweigen wir.) Sie erzählt bei einem Tässchen Kaffee dasselbe noch einmal, was der Herr vom Familiengericht auch schon gesagt hat. Nämlich, was man als künftiger Betreuer alles so wissen muss. Über die erfolgte Belehrung erhält man schon bald ein Schreiben.

Dann kommt die Aufforderung, sich mit dem zu Betreuenden zum Sitz des Familiengerichts zu begeben. Zum Richter himself.

Ich schreibe, telefoniere, schreibe, telefoniere, dass das nicht geht, weil meine Tochter kein fremdes Gebäude betritt – siehe oben. Und jetzt passiert etwas ganz und gar

Unglaubliches: Der zuständige Richter kündigt seinen Besuch an. Er sieht ein, dass das außergewöhnliche Date nur an einem Freitagnachmittag stattfinden kann, weil nur zu diesem Zeitpunkt Tina zu Hause ist. Noch ein paar Schreiben und Formularen in prächtigem Amtsdeutsch hin und her. Dann kommt er.

Es gibt Kaffee und Kuchen und es wird ein richtig netter Nachmittag. Von gleich zu gleich.

Kriege ich jetzt die Urkunde?

Nö. Aber es kommt ein Schreiben mit Aktenzeichen, welches um genau 7.30 Uhr bei der Justizangestellten XY als Urkundsbeamtin der Geschäftsstelle eingegangen ist. Steht in großer Schrift ganz oben rechts – gleich neben dem Siegel der Stadt. Jetzt weiß ich, dass zumindest der Bote schon um halb acht in der Frühe auf den Beinen ist. Und unter dem Briefkopf des Amtsgerichts steht „Beschluss". Ich denke, na das ging ja mal zügig, denn mein erster behördlicher Besuch in Sachen Betreuung war im Dezember und wir haben erst Mai. Schon bin ich Betreuer. Nein – ich bin ja so naiv! Denn dies ist nur der Beschluss, dass ich Betreuer werde. Unter „Gründe" erfahre ich auch, warum: Die Ermittlungen haben ergeben, dass die Voraussetzungen für eine Betreuung vorliegen. Ich freue mich. Denn jetzt ist es amtlich: Ich bin eine vertrauenswürdige Person. Und zwar vor dem Gesetz.

Die Urkunde trifft einen guten Monat später ein. Von Dezember bis Juni hat es gedauert. Flott, oder?

Ab dem Zeitpunkt erstatte ich einmal im Jahr Bericht. Als Betreuer meines speziellen Kindes. Für mein Engagement erhalte ich sogar eine Gage. Muss ich allerdings beantragen. Das Formular kann ich im Internet abrufen – wie wunderbar. Ein Vorgang nur per Post.

Geht doch!

Kein anderer Ausweg

An den folgenden Recherchen und Überlegungen habe ich lange genagt. Mehrere Zeitungen schreiben, dass sich nur ein Betroffener ein Urteil erlauben dürfe. Ich bin Betroffener – aber mir kommen lediglich Fragen.

Hier zwei Beispiele der extremen Art:

Vielleicht haben Sie 2007 die Medienberichte über „Ashley Treatment" verfolgt. Ashley ist schwerst mehrfachbehindert, kann weder ihren Kopf heben noch sich selbständig umdrehen und wird niemals laufen lernen. Ihre geistige Entwicklung ist die eines wenige Monate alten Säuglings. Als Ashley sechs Jahre alt ist und auffällig schnell an Gewicht zulegt, lassen sich die Eltern in einer Klinik in Seattle medizinisch beraten und kommen zu dem Schluss, das Wachstum und die weibliche Entwicklung ihres Anderen Kindes zu stoppen. Die Ärzte verabreichen hohe Dosen Östrogen und entfernen Gebärmutter und Brustgewebe, um die mit der hohen Hormongabe einhergehenden Risiken von Gebärmutterhalskrebs sowie Brustkrebs auszuschließen. Auf diese Weise bleibt Ashley körperlich auf der Stufe eines etwa sechsjährigen Kindes von 1,34 Meter bei einem Gewicht von ungefähr vierunddreißig Kilogramm. Damit ist sie handlich genug, dass weiterhin die Pflege und Versorgung im familiären Umfeld gesichert ist, weil Ashley nun für ihre Eltern und Geschwister nicht zu groß und zu schwer wird.

Auslöser für diese Maßnahme, die von medizinischer Seite der Kinderklinik der University Washington tatsächlich als Therapie bezeichnet wird, sei das Problem, „qualifiziertes, vertrauenswürdiges und bezahlbares Pflegepersonal" (Spiegel vom 4.1.2007) zu finden, lassen Ashleys Eltern wissen. Die Familie sorgt sich darum, sich eines Tages nicht mehr angemessen um ihre Tochter kümmern zu können, sie unter Umständen in „fremde Hände" (ebenda) geben zu müssen.

Die Eingriffe wurden erfolgreich und – bisher – ohne Nebenwirkungen vollzogen. Ashley bleibt also das niedliche, kleine Mädchen auf dem großen Kissen, das man auf den Arm nehmen, herumtragen und knuddeln kann und das bis an sein Ende in den Kinderwagen hinein passt. An sein Ende? Werden die beiden Geschwister in die Pflicht genommen, das für immer auf handlich gestutzte Mädchen zu versorgen, wenn die Eltern einmal tot sind? Wo es doch extra so grundlegend operiert worden ist, damit die familiäre Dauerpflege möglich ist?

Keine Frage, dass es derart aufbereitet auch vom Ästhetischen her vorteilhafter aussieht, als wenn es groß, dick und breit einen Liege-Rollstuhl für Erwachsene ausfüllt.

Natürlich hagelte und hagelt es Kritik. Daran, dass die Eltern Gott spielten, aus Bequemlichkeit eine derartige Entscheidung gefällt hätten und damit Eugenik, also Einschränkung ungünstiger genetischer Eigenschaften, betrieben hätten (ebenda). Mir fallen dazu folgende Fragen ein: Hätten die Eltern auch einen Sohn in der Weise „verstümmelt"? Hätten sie ihn ebenfalls zum ewigen Kind und Neutrum machen lassen?

Ich hörte, dass es in den USA bei weitem nicht ein solches Netzwerk wie das der Lebenshilfe in Deutschland gibt. Also auch keine groß angelegte Elterninitiative, die überregional Einrichtungen stellt, die eine Lebensperspektive nach der Kindheit garantiert. Und zwar kostendeckend. Es ist also ein Unterschied, ob man sich bei uns oder in Amerika Gedanken macht, wie es mit dem Anderen Kind weitergehen soll, wenn es erwachsen ist. Haben Eltern, für die man oftmals durch die Intensivmedizin ein solches Kind erst ins Leben entlässt, nicht unter dem Aspekt der optimalen Pflege und Versorgung auf lange Sicht auch das Recht, sich die Voraussetzung durch eben jene Medizin zu schaffen, ihr Kind auf Dauer überhaupt pflegen zu können? Muss eine lebensermöglichende Medizin nicht auch dafür sorgen, dass das, was sie da ermöglicht, dauerhaft erhalten werden kann?

Ich sehe Tina vor mir, wie sie mit sechs Jahren zierlich und sehr hübsch die Mitmenschen in ihren Bann zog. Damals hatte sie noch nicht die Kraft, kleinere Kinder zu drangsalieren. Auch konnte man sie problemlos auf den Arm nehmen oder sie an irgendeinem Unsinn, sofern absehbar, hindern. Ich stelle mir vor, wie ich sie ins Krankenhaus bringe, sie operieren lasse. Wie sie dort liegt und nicht begreift, wie ihr geschieht. Hat sie Schmerzen? Empfindet sie eines Tages, dass etwas nicht stimmt? Ich sähe mich unweigerlich in der Rolle eines Täters, der zulässt, das dem Kind Gewalt angetan wird. Aber wie sähe ich die Sache, wenn die Bedingungen bei uns nicht die wären, die wir vor allem durch die Lebenshilfe haben?

Trotz des dichten Hilfsnetzes gibt es Katastrophen ungeahnten Ausmaßes. Eine besonders schlimme ist der Mord und Selbstmord einer Familie aus Düsseldorf im August 2009. Das Wunschkind hatte Down-Syndrom. Die Eltern haben zuerst den vierjährigen Sohn und dann sich getötet. Der Abschiedsbrief verdeutlicht das Ausmaß der Verzweiflung. Unter anderem wird in der Presse die Vizevorsitzende der Bundesvereinigung der Lebenshilfe wie folgt zitiert: „Zuständige Ämter leisten oft zu wenig Unterstützung. Eltern müssen sich mühsam das Wissen über ihre Leistungsansprüche zusammensuchen und anschließend nicht selten um ihr gutes Recht kämpfen." Professorin Jeanne Nicklas-Faust spricht nur aus, was Fakt ist.

Die Eltern kamen aus bildungsnahen Verhältnissen, der Vater war Diplomingenieur. Sah er wirklich keine Möglichkeit, für seine Rechte zu kämpfen? War die Frustration über das möglicherweise nicht vorzeigbare Kind so riesengroß? Die Mutter war erst siebenundzwanzig. Viele Mütter von Anderen Kindern bekommen ein weiteres Kind. Man kann damit natürlich nicht „den Schaden wiedergutmachen", aber hätte es sich nicht gelohnt, einen zweiten Versuch zu starten, um sich nicht die Möglichkeit zu nehmen, neben dem Speziellen Kind ein weiteres Wunschkind zu bekommen? Ein gesundes, kluges Kind? Eins, das gemeinsam mit dem Anderen Kind aufwächst ...

Auch Tina hat das Down-Syndrom und, wie gesagt, als Beigabe den Autismus, der das auslöst, was ich als eigentliche Behinderung bezeichne. Es fehlt durchaus nicht die Phantasie, sich in Mordgedanken hineinzuversetzen – aber es wirklich zu tun? Einen Vierjährigen zu ermorden? Als normal denkender Mensch, der bislang ohne Psychosen, krankhaftes Suchtverhalten oder geistige Unzurechnungsfähigkeit gehandelt hat. Der nicht verfolgt wird und dem nicht Arbeitslosigkeit, Obdachlosigkeit oder das unfreiwillige Verlassenwerden durch den Ehepartner droht. Der einzig und allein daran verzweifelt, dass sein Wunschkind ein Spezielles ist?

Sind da nicht Zweifel erlaubt?

Die Aussicht, ein Anderes Kind großzuziehen, ist extrem belastend. Aber in vier Jahren wächst man hinein. Trotz allem. Zwar können die Belastungen manchmal zuviel werden. Aber wenn jemand eine komplette kleine Familie auslöscht, stellt sich die Frage, was das Fass derart zum Überlaufen brachte. Denn das ist das Problem: Familien mit einem anderen Kind sind bereits im Alltag mit einem unüberschaubaren Wust von Problemen konfrontiert. Da darf dann nicht das Kleinste hinzukommen. Egal was. Ich bezweifle, dass der Junge mit seiner Besonderheit der alleinige Auslöser für dieses Drama gewesen ist.

Schattenkinder

Dieses Kapitel ist nicht das einfachste ... Der Begriff „Schattenkind" wird in mehreren Zusammenhängen verwendet. Hier bezeichnet er ein Kind, das fast wörtlich genommen im Schatten steht. Im Schatten eines anderen Menschen, der die gesamte Aufmerksamkeit oder zumindest einen überaus großen Teil davon auf sich konzentriert, während das Schattenkind deutlich weniger abbekommt, obwohl ihm eigentlich viel mehr zustünde. Es muss zurückstecken – für eine Zeitlang, manchmal für immer.

Das Gespräch beginnt meist mit den Worten: „Könnten wir nicht auch heute ... ", und dann folgt von einem meiner beiden Schattenkinder ein ganz normaler Vorschlag, was wir auch heute mal könnten. Es ist Samstag oder Sonntag, die Freunde gehen mit ihren Kindern ins Spaßbad, zum Eislaufen, ins Kino, auf die Kirmes, zum Flohmarkt. Je älter das Andere Kind wird, desto öfter können wir nicht. Es geht eben einfach nicht. Das muss dem Schattenkind als Begründung reichen. Höchstens einer von uns – Vater oder Mutter – kann das Haus verlassen. Als Familie können wir nur einen Spaziergang machen oder ein Stück mit dem Tandem fahren, was für heranwachsende Kinder bald langweilig ist. Schon seit langen war die Familie noch nicht einmal in der Eisdiele oder im Café. Unter der Woche geht's zu den Therapien, am Wochenende steht das Andere Kind manchmal schon zwischen vier oder fünf Uhr morgens auf, ich bin k.o., ich kann eben nicht und sage nein – wie so oft. Das Andere Kind braucht die Zeit von zwei bis drei nicht Anderen Kindern. Ich bin froh und dankbar, dass andere Familien oft für meine Schattenkinder mit sorgen, sie mit ins Kino, ins Spaßbad und zum Schlittenfahren nehmen.

Schattenkinder bekommen nicht nur zu wenig Aufmerksamkeit. Das bekommt vor allem das Mädchen zu spüren, das nach dem Anderen Kind zur Welt kommt. Es ist nie das Kleine, das als Jüngstes im Mittelpunkt steht. Immer wird zuerst nach dem Anderen Kind gefragt. Wie es ihm geht, ob es gesund ist, ob es irgendetwas hat dazulernen können. Und kann das Jüngste gerade laufen oder sprechen, denkt es auch schon für das Andere Kind mit, greift nach einem zweiten Keks für das ältere Geschwisterkind, weil es das ja von selber nicht tut, wickelt es, sobald es dazu in der Lage ist. In meinem Fall stopfte das jüngste Kind bereits mit drei Jahren die fünfjährige Schwester in die Pampers und putzte ihm die Nase.

Fast alle Aktivitäten sind auf das Andere Kind ausgerichtete. Je größer es ist, desto umfassender und grundsätzlicher wird das Handling und damit der Zeitaufwand, der dem Schattenkind nicht zugebilligt werden kann.

Schattenkinder sind hellhörige Menschen, die von klein auf die Sorgen der Eltern mitbekommen, die spüren, dass sie funktionieren müssen, weil ein Mehr an Problemen zuviel wäre. Daher ihr Fleiß, ihre Umsicht.

Natürlich sind Schattenkinder besonders sozial, das bleibt gar nicht aus. Es sind tolle Kinder, aber ich weiß, dass ihnen ein Stück Unbeschwertheit entgangen ist, dass man sie nicht so leicht loslassen kann, weil man sie am liebsten in ein Schächtelchen mit Watte packen würde, damit nichts an sie herankommt. Dass man sie mit Sorgen belastet – auch unbewusst –, für die sie häufig noch zu klein sind. All das weiß ich, kann und konnte es aber nicht ändern. Meine Kinder würden jetzt sagen, dass es gar nicht so schlimm war, aber das weiß ich besser.

Es gibt eben das Besondere in einer Familie mit einem Anderen Kind. Wie oft stellen sich alle Familienmitglieder auch in absolut grotesken Situationen wie selbstverständlich darauf ein. Mein Anderes Kind liebte es eine Zeit lang, dass ihm alle Familienmitglieder alles nachmachten: Auf den Tisch hauen, hämmern, auf den Stuhl steigen – es gab Situationen, in denen die Bezeichnung Irrenhaus auf meine Familie durchaus gepasst hätte. Dazu ein Gelächter und Prusten, das das Haus zum Schwingen brachte. In solchen Momenten war es einfach nur lustig und schön, und es gab weder den Gedanken an Anderssein noch an ein Schattendasein. Und diese Momente waren gar nicht mal so selten …

Sinnfragen

Zwischen den ersten Manuskriptseiten über das Andere Kind und dem fertigen Buch liegen etwa fünf Jahre. Deswegen erscheinen die Kapitel in ihrem zeitlichen Erzählablauf gelegentlich unchronologisch, denn ich habe hier und da ergänzt, was eigentlich erst später passiert ist. Wenn also in einem der vorderen Kapitel steht, dass Tina eines Tages in die behütete Werkstatt gehen wird, dann hat sich das inzwischen überholt. Sie ist seit einigen Monaten dort.

Vorbereitet wurde der Wechsel von Schule zu Werkstatt mit einem Praktikum – wie im richtigen Leben. Das klappte wunderbar. Tinas Ergotherapeutin und seit langem erste Bezugsperson außerhalb des Elternhauses, mal von Rosi und Willy abgesehen, fuhr mit ihr im Bus zur Arbeit. Die Werkstatt erhält häufig Aufträge, Dinge zu recyclen. So sitzt Tina vor einem Berg CDs und DVDs, die nicht mehr gebraucht werden, nimmt sie auseinander, wirft das durchsichtige Teil in die eine, das schwarze in die andere Kiste, das Cover in einen dritten und die silberne Scheibe in einen vierten Karton. Das hat sie vorbildlich erledigt.

Nach den Ferien begann nun der Arbeitsernst des Lebens. Keine Schule mehr, keine Therapeutin, nur ein Haufen zum Sortieren und ein Sozialpädagoge für viele. Nicht erst nach sechs Stunden bekommt Tina ihre erste Sinnkrise. Warum ist nicht Schluss, wenn der Haufen abgearbeitet ist, wird sie wahrscheinlich auf ihre Weise überlegt haben. Was soll dieser neue Haufen jetzt? Und dann erklärt Tina, dass sie keine Böcke mehr hat. Zuerst beißt sie den Pädagogen in die Hand. Als sie dann immer noch sortieren soll, wirft sie ihren Nachbarn und Mitarbeiter mitsamt seinem Rollstuhl um. Die nächste Stufe ihrer Wut – Sie ahnen es vermutlich – war der längst aufgesparte Bach voll Urin.

Was sich vielleicht witzig anhört, ist nicht wirklich lustig. Was wird nun mit ihr? Wir Eltern, zumal ich als amtlich beglaubigte Betreuerin, werden bestellt. Wieder mal stellen wir uns bange Fragen, die alle damit zu tun haben, ob Tina entlassen wird, was sie überhaupt arbeiten könnte und ob sie grundsätzlich integrierbar oder eine Gefahr für die Mitmenschen ist. Beim Gedanken daran ging es uns verdammt schlecht. Und: Was erwidert man, wenn man mit den Untaten des Anderen Kindes konfrontiert wird? – „Tut uns leid"? „Bisher hat sie noch niemanden gebissen"? „Kommt nicht wieder vor"? Was ohnehin gelogen wäre. Wir sind also plötzlich wieder Bittsteller. Bitte, bitte, versuchen Sie es noch mal mit ihr. Wir haben nämlich keinen anderen Plan, was werden soll.

Die Autofahrt zu unserem Gespräch mit Tinas Werkstattleiter war für mich eine psychische Vorhölle. Aber meine Angst war zum Glück unnötig. Tina wird nicht abgeschoben. Es gibt innerhalb des Werkgeländes nämlich eine sogenannte Fördergruppe, in der diejenigen Anderen mit deutlich mehr Personal ebenfalls recyceln. Wo mehr Pausen eingeplant sind und nicht die Effektivität an erster Stelle steht. Warum wussten wir das eigentlich nicht vorher?

Uns fiel mehr als nur ein Stein vom Herzen – es war vielmehr ein mittlerer Felsbrocken. Denn was wäre gewesen, wenn das Andere Kind nirgends hineingepasst hätte? Hätte es den lieben langen Tag vor sich hinstierend den Judogürtel aufgerollt und das war's? Eine entsetzliche Vorstellung, die man nicht mit seinem Kind in Verbindung bringen mag.

Und da ich gerade überlege, ob und wo meine Tochter in unsere Gesellschaft passt, drängt sich die Frage auf, warum das überhaupt ein Thema ist? Wie sieht die Integration in anderen Ländern aus? Gibt es eine Alternative zum bundesdeutschen Kastenwesen?

In Spanien hat man sich vor Jahren vom herkömmlichen Sonderschulwesen verabschiedet. Für mich war dieser Gedanke zuerst unvorstellbar. Keine Lernbehinderten-, geistig Behinderten-, Hör- und Sehgeschädigten-, Körperbehinderten- und Sprachheilschulen mehr?

Alle Anderen Kinder, die nicht geistig behindert sind, besuchen die Regelschule. Also Blinde, Taube, Körperbehinderte gehen in ganz normale Schulen, wo die Lehrer von sonderpädagogisch ausgebildeten Kollegen unterstützt werden. Die Schüler mit den oben genannten Handicaps nehmen also am ganz normalen Unterricht teil und es wird selbstverständlich erwartet, dass die nicht beeinträchtigten Mitschüler sie unterstützen. Im Unterricht, in den Pausen, am Mittagstisch. Rollstühle werden geschoben, Sehbehinderte an ihren Platz geführt. Von ihren Mitschülern. Alles ganz normal.

Nicht jede Schule bietet derartige Integration, weil es zu wenig Andere Kinder gibt. Aber in jedem Ort gibt es eine solche Schule, in den Großstädten entsprechend dem Bedarf mehrere.

Die geistig und psychisch Behinderten, die nicht in der Lage sind, dem Regelunterricht zu folgen, bilden an den normalen Schulen eigene Klassen mit sozialpädagogisch ausgebildeten Lehrern. Dort lernen und arbeiten sie zu etwa 8 Schülern entsprechend ihren Fähigkeiten. Wohlgemerkt: Sie sind in demselben Schulgebäude wie alle anderen Kinder auch. Die sogenannten normalen Kinder müssen dafür sorgen, dass ihre Anderen Mitschüler mit zum Mittagessen gehen, soweit dies möglich ist. Es gibt Kinder z.B. mit Angstsyndrom, die nicht in der Lage sind, in großen Gruppen zu sein. Sie bleiben selbstverständlich im Klassenzimmer oder in einem kleineren Aufenthaltsraum.

Die nicht beeinträchtigten Kinder und Jugendlichen müssen Verantwortung für ihre Mitschüler übernehmen. Ganz nebenbei wird das Handicap auf diese Weise zur Normalität. Lediglich die schwerst Mehrfachbehinderten, die besondere Pflege und medizinische Betreuung brauchen, sind nicht den Regelschulen ein- bzw. angegliedert.

Kann man sich das bei uns überhaupt vorstellen? – Schon früher, also deutlich vor dem Eintritt des Anderen Kindes in mein Leben, habe ich mich gefragt, warum wir unsere Kinder derart sortieren, dass sie beinahe chancenlos sind, von einer Lernschachtel in eine andere zu wechseln. Keinem anderen Schulsystem wird eine solche soziale Ungerechtigkeit bescheinigt wie dem unsrigen, da Lernerfolg und Berufsmöglichkeit von der Bildungsnähe des Elternhauses abhängt. Die Bildungsschere klafft auseinander. Das System ist wie in Stein gemeißelt. Da kann einem wirklich die Frage kommen, ob es sich überhaupt lohnt, weiterhin mit so viel Energie die Integration voranzutreiben, wenn Deutschland noch nicht einmal in der Lage ist, gleiche schulische Voraussetzungen für die breite Masse zu bieten.

Zur Sinnsuche gehört wie selbstverständlich die Frage nach dem Glück. Kaum ein Thema bewegt die Menschen mehr als die Frage, wie sie glücklich werden können. Reichlich Ratgeberliteratur befasst sich mit dieser Frage, aber auch mit weniger ernsthaften Angeboten versuchen findige Geschäftsleute die Glückssucher zu ködern: Dazu gehören Glückstee, Glückstassen, Glückskarten bis Größe XXL.

Glück gibt es inzwischen auch als Unterrichtsfach. In der Heidelberger Willy-Hellpach-Schule steht es auf dem Stundenplan. Der Schulleiter möchte durch das Fach Wege aufzeigen, wie man glücklich wird. Sport, Ernährung, Biologie, Motivation, Philosophie und Bewegung sollen der Entschlüsselung des Glücks auf die Sprünge helfen. So erfahren die Schüler, wie Glückshormone freigesetzt werden, sie erleben Gemeinschaft, Sozialverhalten und Selbstsicherheit sowie Selbstverantwortung sollen Seele und Körper in Einklang bringen. Schon die Beschäftigung mit dem Glück, so sagt der Schulleiter, mache glücklich.

Das Erreichen und Erkennen von Glück ist also bis zu einem gewissen Grad lernbar. Vielleicht ist das eine Binsenweisheit und Sie, liebe Leser, werden sich fragen, was diese philosophischen Ausschweifungen mit dem Leben Anderer Kinder zu tun hat. Eine gute Fee aus meinem Bekanntenkreis versendet gelegentlich Glücksbotschaften der anderen Art. Über eine davon möchte ich berichten.

In Seattle fand vor einigen Jahren ein internationales Sportfest für Menschen mit Handicap statt. Acht Teilnehmer starteten beim Hundertmeterlauf – alle gehörten körperlich und/oder geistig zu den Anderen. Der Startschuss fiel und auf halber Strecke stürzte ein junger Teilnehmer, saß da und weinte. Die anderen stoppten ihren Lauf, blickten sich um und gingen zu ihm zurück. Alle.

Ein Mädchen mit Down-Syndrom hockte sich zu dem Jugendlichen und tröstete ihn, fragte wohl auch, ob es ihm jetzt besser gehe. Daraufhin erhob er sich und alle Acht gingen Schulter an Schulter gemeinsam ins Ziel. Die Zuschauer erhoben sich und applaudierten. Der Applaus dauerte sehr lange.

Und weil das Ganze in eine Glücksbotschaft eingebettet ist, kommen nun noch ein paar besinnliche Sätze. Einer davon lautet, dass es nicht so sehr auf den eigenen, manchmal doch recht einsamen Sieg ankommt, sondern darauf, beim Gewinnen zu helfen.

Packen wir's an.

Wie schon erwähnt holen wir Tina etwa alle drei Wochen von Freitag bis Montagmorgen nach Hause. Wenn der Abstand noch größer wird, reagiert sie sehr ungehalten, was sich in der bekannten, ihr eigenen Manier äußert. Außerdem freut sie sich so, wenn sie nach Hause darf. Sie spielt Kleinkind, breitet beim Spaziergang die Arme aus, um anzudeuten, dass man es ebenfalls so machen solle, damit das Wer-kommt-in-meine-Arme-Spiel in Gang kommt. Und morgens lässt sie den Autismus in ihrem Zimmer zurück und kommt in unsere Betten zum Schmusen. Auch mit zwanzig Jahren. Ich kann es ihr nicht abgewöhnen, will es auch nicht, weil man merkt, dass sie in solchen Momenten sehr glücklich ist. Könnten wir nicht, ganz ohne Mordgedanken, gleichzeitig sterben?

Unterm Strich

Das Andere Kind ist auf den Weg gebracht. Was bleibt unterm Strich?

Dass ich in eine Welt hineingeschleudert wurde, von der ich vor der Geburt des Anderen Kindes keine Ahnung hatte. Eine Welt, die nicht nur ihren Schrecken verloren hat, sondern die ich schätzen gelernt habe, weil in ihr so unglaublich liebenswerte Menschen zu finden sind. Eine Welt, in der ich gelegentlich gar nicht mehr zwischen den Einen und den Anderen unterscheide, weil ich es manchmal ganz einfach vergesse. Ich werde mir die ein oder andere kleine Verweigerungshaltung leisten. Muss nicht mehr immer und sofort karitativ zur Stelle sein, wenn's irgendwo brennt, mit jedem und allem mitleiden und Telefonseelsorger spielen. Können ruhig mal andere machen. Ich habe mein Soll erfüllt. Bin trotzdem nicht asozial.

Mich kann nichts so leicht aus der Ruhe bringen. Das ist ein sicheres Gefühl. Auf der anderen Seite hoffe ich inständig, mit dem Anderen Kind genug ins Schicksal eingezahlt zu haben. Die Sorge, meinen anderen beiden Töchtern könnte etwas zustoßen, ist größer als bei Leuten ohne Anderes Kind. Ich habe meine Unbefangenheit eingebüßt. Hoffentlich unnötigerweise.

Manchmal erwische ich mich bei einem leicht spöttischen Lächeln, wenn mir wieder einmal so eine arme Socke von ihrer persönlichen Unbill wie vom verlustreichen Verkauf einer Wohneinheit oder dem verregneten Sommerurlaub erzählt, während ich volle drei Wochen „Süden und Sonne satt" gebucht und bekommen hatte, es mir nicht schlecht geht, meine Familienangehörigen zur Zeit nicht krank sind und ich im Moment über ausreichend Geld verfüge. Überhaupt neige ich zur Vergnügungssucht und gebe das auch noch ungeniert zu. Bin neulich dreimal in einer einzigen Woche essen gegangen und obendrein in ein Konzert. Ach ja – habe außerdem noch jemanden besucht statt einzukaufen. Und benötige ich etwa wirklich zweimal wöchentlich eine Haushälterin, da ich doch jetzt das Andere Kind nur noch gelegentlich bei mir zu Hause habe und nicht voll arbeite? Sicher doch! Ich benötige sie vielleicht nicht, aber ich will sie.

Den Konjunktiv meide ich. Klar könnte ich wieder auf einer vollen Stelle arbeiten gehen. Natürlich hätte ich Muße, für andere Leute dies und das zu regeln. Und eines Tages sollte ich doch bitte mal einer lange verschollen geglaubten Freundin meine schöne Stadt zeigen. Nö, möchte ich nicht. Weil sie bei genauer Betrachtung nicht wirklich meine Freundin ist. Das erlaube ich mir stillschweigend: dass ich nur mit Leuten umgehe, auf die die Worte Freund und Freundin passen.

Und Sätze, die mit „Du könntest doch, wo du jetzt quasi ein normales Leben führst ..." oder „Eigentlich müsste man mal ... " beginnen, würge je nach Lust und Laune ab. Keine Zeit. Keine Lust. Lieber schreibe ich ein Buch ...

Anmerkungen

1   Anlehnung an den „Erlkönig" von Goethe

2   Der sogenannte Alpha-Fetoproteinwert des Blutes der schwangeren Frau wird festgestellt, da er auf einen möglichen genetischen Fehler des Fötus hinweist. Das Resultat sagt etwas über das Risiko aus, ein Kind mit genetischer Anomalie zu erwarten. Ist das Ergebnis positiv, wird z.B. eine Fruchtwasseruntersuchung angeschlossen, um eine eindeutige Aussage zu erhalten.

3   Fruchtwasseruntersuchung. Durch die Bauchdecke der schwangeren Frau wird aus der Fruchtblase zur Untersuchung der im Fruchtwasser befindlichen Zellen des Fötus Fruchtwasser entnommen. Dies kann zwischen der 14. und 18. Schwangerschaftswoche durchgeführt werden. Es besteht ein Verletzungsrisiko und ein erhöhtes Risiko einer Fehlgeburt. Zum Zeitpunkt der hier beschriebenen Schwangerschaft, also 1988, wurde das angesprochene Risiko mit 5% angegeben.

4   2004 strahlt der WDR unter dem Titel „Er sollte sterben, doch Tim lebt" eine entsprechende Untersuchung des Falles aus. Bei der schwangeren Mutter wird per Fruchtwasseruntersuchung ein Fötus mit Down-Syndrom diagnostiziert. Die Schwangerschaft wird im sechsten Monat, also im Rahmen der gesetzlich genehmigten Frist für die Spätabtreibung, durch oben angesprochene Einleitung einer Frühgeburt abgebrochen. Doch der Junge kommt lebend zur Welt. In der Erwartung, dass er bald stirbt, wird er viele Stunden ohne ärztliche Intensivbetreuung liegen gelassen, weshalb Lunge, Gehirn, Augen zusätzlich geschädigt sind.

5   Hypotonie bedeutet Muskelschwäche. Es ist ein typisches Symptom bei Kindern mit Down-Syndrom.

6   Bernd Eichinger (Produzent): Werner – beinhart! Real- und Zeichentrickfilm. 1990

7   1939 trat ein Gesetz in Kraft, nach dem „unwertes" Leben planmäßig vernichtet wurde. In verschiedenen Heil- und Pflegeanstalten wurden über 100 000 Behinderte durch das „Euthanasie-Programm" („euthanasia" ist griechisch und heißt

„schöner Tod") ermordet. Ganz offiziell machte das Propagandaministerium dafür Werbung. Auf einem Plakat trägt z.B. ein Mann schwer an der Last zweier Behinderter. Überschrieben ist es mit den Worten „Hier trägst du mit. Ein Erbkranker kostet bis zur Erreichung des 60. Lebensjahres im Durchschnitt 50000 Reichsmark." (Aus der „Illustrierten Monatsschrift für deutsches Volkstum". Jahrgang 10, 1936)

8 Gemeint ist die Zeitschrift Quick (Jahrgang 32, 1980)

9 Kristiane Allert-Wybranietz: Geh dem Glück ein Stück entgegen. Verschenktexte. Fellbach, 2005

10 Das große Lexikon der Synonyme. München 1973. S. 534

11 ebd.

12 Vgl. hierzu Steve Biddulph: Das Geheimnis glücklicher Kinder. München 2001. S. 53 ff.

13 FAS World Deutschland. Gestaltung: Berliner Botschaft. 2008. S. 8 f.

14 ebd.

15 Wolfgang Borchert: Die drei dunklen Könige. Reinbek 1949

16 Victor Hugo: Der Glöckner von Notre Dame. Zürich 1974

17 Patrick Süßkind: Das Parfum. Zürich 1985

18 E.T.A. Hoffmann: Klein Zaches, genannt Zinnober. Berlin und Weimar 1974

19 Oskar Wilde: Das Bildnis des Dorian Gray. Stuttgart 1992

20 Sigrid Heuck: Mondjäger. Stuttgart 1983

21 Max Vondergrün: Vorstadtkrokodile. Eine Geschichte zum Aufpassen. Gütersloh 2002

22 Gaston Leroux. Das Phantom der Oper. München 1990

23 Günter Grass: Die Blechtrommel. München 1974

24 Ders.: Die Blechtrommel. S. 298

25 Ders.: Die Blechtrommel. S. 298

26 ebenda S. 299

27 Theodor Storm: Der Schimmelreiter. Stuttgart 1980. S. 98. Das Motto der Geburtsanzeige wurde schraffiert gedruckt.

28
Liebe Tina,
das musst du verstehen, dass ich dich nicht für immer bei mir behalten kann. Selbst wenn ich das wollte. Weil ich eines Tages zu alt bin, um dich versorgen zu können. Und irgendwann sterbe ich. Auch könnte es sein, dass ich dich eines Tages verfluche, weil ich nicht mehr kann. Man muss das realistisch sehen. Danach täte mir das furchtbar leid – aber nach einiger Zeit würde es sich vielleicht sogar wiederholen. Möglicherweise. Deshalb nehmen wir den Jetzt-Zustand an, Tina. Es geht leider nicht anders. Und wenn wir uns sehen, ist alles so wie immer. Darfst weiterhin morgens in mein Bett kommen, mich in aller Frühe stören und mit mir schmusen. Und dass wir uns ganz oft sehen, verspreche ich dir. Solange ich lebe.
Du kannst dich auf mich verlassen.
Mama

29 Michael Ende: Momo. Stuttgart 1973

30 Leben wie vor hundert Jahren. Schwarzwaldhaus 1902. Dokumentarserie von 2001/2002. SWR

31 F. Pleterski, R. Habinger: Der Luxus des Einfachen. Wien 2000.

32 aus dem Englischen übersetzt von Erma Bombeck: Die Spezialmutter. In: Dieselbe: Vier Hände und ein Herz voll Liebe. Köln 1988

33 Birger Celin: Ich will kein Inmich mehr sein: Botschaften aus einem autistischen Kerker. Köln 1993

34 Aachener Woche. 1. Juni 2005

35 „Öcher" ist der Ausdruck für Aachener im regionalen Dialekt.